나를 아프게 하지 않는다

나를 아프게 하지 않는다

상처만 주는 가짜 자존감
나를 지키는 진짜 자존감

전미경 지음

지와인

추천의 말

── 자존감은 자기다움을 찾는 인간의 본능적 욕구다. 성공으로 얻어지는 것이 아니라 실패를 극복하면서 생기는 의지의 산물이다. 이 책은 결국 행복을 잊고 살아가는 우리 모두에 대한 이야기다. 좌절과 상처를 안고 낮은 자존감으로 괴로워하는 젊은이들에게 일독을 권한다.

― 권준수(서울의대 교수, 대한신경정신의학회 이사장)

── 경쟁과 효율만을 부추기는 신자유주의 체제로 인해 한국 사회에는 가짜 자존감이 창궐한다. 이 책을 계기로 진짜 자존감에 대한 대중적 이해가 높아지고, 그에 맞는 사회 구조와 교육 체제의 개선이 이루어지기를 희망한다.

― 송효섭(서강대학교 교육대학원 교수)

—— "부러우면 지는거다"라는 말이 유행할 정도로 누구나 초라하게만 보이는 자존감에 삶이 힘들 때가 많다. 경쟁에서 뒤졌을 때나 한없는 무력감에 빠져들 때에는 더욱더 그렇다. 하지만 이 책을 읽다 보면 이런 것들의 상당 부분이 가짜 자존감에 의해 일어난다는 사실을 깨닫게 된다. '홀로' 읽어도 좋지만 '다 함께' 읽으면 더욱 빛나는 책이다. 개인과 조직 모두에게 권한다.

– 이용택(백상경제연구원장)

—— 전미경 원장은 오랫동안 젊은이들에게 항상 위로와 희망을 전해 온 따뜻한 정신건강의학과 선생님이다. 가짜 자존감 때문에 상처받았던 젊은이들이 이 책으로 스스로 일어설 수 있고, 타인에게 공감할 수 있는 진짜 자존감을 얻을 수 있기를 기대한다.

– 임명호(단국대학교 심리학과 교수)

행복한 게 뭔지 모르겠다면

제가 운영하는 자그마한 정신과 의원은 어느 지방 도시에 위치하고 있습니다. 이 도시는 한 동에 대학이 다섯 개나 있어 기네스북에 오르기도 했습니다. 그래서인지 제 환자의 대부분이 대학생과 젊은 직장인입니다. 이 친구들이 쏟아놓는 이야기에는 그들이 겪고 있는 공허함, 좌절, 상처가 가득합니다. 그러나 저에게는 그들의 노력도 함께 보입니다. 혼자 힘으로는 문제를 해결할 수 없어 찾아온 사람들이지만, 역설적으로 스스로 문제를 해결하기 위해 매우 애쓰고 있습니다.

수많은 아르바이트를 뛰는 와중에도 자신의 꿈을 위해 공모전을 준비합니다. 더 전문성을 갖춘 직업인이 되기 위해 퇴근 후에도 학원을 다닙니다. 그렇게 자신의 삶을 소중하게 여기는 사람들입니다. 그 애쓰는 시간이 꼭 좋은 결과를 가져오지는 않습니다. 간혹 좋은 결과가 있다 하더라도, 그 결과가 지속되는 것도 아닙니다. 그렇다 해도 자신을 믿고 애썼던 이 시간은, 앞으로 인생에서 겪을 여러 국면을 견디게 하는 마음의 근육이 될 겁니다. 안타까운 건 그 사실을 자신만 모른다는 것입니다.

"행복하다는 게 뭔지 모르겠어요." 이렇게 말하는 이들을 자주 마주합니다. 열심히 살아도 행복하지 않다면, 그냥 설렁설렁 살면 되지 않을까 싶습니다. 뭔가 편한 것 같긴 한데, 여전히 행복하지는 않습니다.

우리는 목장의 양 떼처럼 살기 쉽습니다. 학창 시절에는 우르르 성적으로 줄 서는 인생을 삽니다. 대학에 들어가면 우르르 취업 준비를, 취업준비생 시절에는 우르르 공무원 시험 준비를 합니다. 회사에 들어가면 내가 왜 여기를 다녀야 하는지 그 의미를 찾지 못하고 매일 출근을 합니다. 마치 목장 주인의 인도에 따라 하루하루 그저 풀이 있는 곳을 찾아다니는 모양입니다. 간혹 자기만의 삶을 찾아 나가고 싶습니다. 그러나 그건 불확실하고 위험한 일입니다.

양 떼처럼 살고 있으면 내 주변이 모두 비슷비슷하게 느껴집니다. 비슷하다고 생각되면 작은 차이에 민감해집니다. 나보다 조금이라도 못난 사람이 인정받으면 내가 부당하게 취급받는 것 같습니다. 나보다 조금이라도 잘난 사람이 있으면 내가 가치 없는 사람처럼 느껴집니다. 어느 경우든 자존감은 계속 낮아집니다.

한편으로는 내가 도저히 엄두도 못 낼 정도로 차이 나는 삶이 있습니다. 수많은 미디어는 평생 내가 만날 일이 없는 사람의 일상을 너무 잘 보여줍니다. 나와 물질적인 조건이 너무나 다른 사람의 삶을, 함께 사는 가족들의 삶보다 더 자주 마주합니다. 세상이 풍요로울수록 상대적 결핍은 더 크게 느껴집니다. 내 삶은 내 것대로 소중하다고 생각하려 해도 다른 사람의 물질적 풍요를 눈으로 자주 확인하게 되니, 행복은 결국 부의 문제였다는 생각이 듭니다. 그런 부유함을 가지지 못한 나는 억울합니다. 이제부터라도 그들처럼 영리하게 살아서 성공하고 싶습니다. 성공하지 못하고, 인정받지 못하는 삶은 살 이유가 없습니다. 이렇게 가짜 자존감에 사로잡히게 됩니다.

· · · ·

제 앞에 앉아 이런 이야기를 털어놓는 이들은 저를 부러워합니다. 저는 의사니까요. 그러나 저 역시 끝없는 비교의 세계에 놓이기 좋은 사람이었습니다. 저는 스스로 촌닭이라고 생각합니다. 초·중·고·대학교를 모두 이 지방 도시에서 보냈습니다. 저야말로 우물 안 개구리입니다. 의과대학을 다닐 때, 병원에서 봉직의로 근무할 때, 주변의 다른 선후배들과 비교를 안 하려고 해도 안 할 수 없었습니다. 알고 보면 상당수 어마어마한 집안의 자제들이었습니다.

　다만 저는 일찌감치 용의 꼬리보다 뱀의 머리처럼 사는 삶이 좋았습니다. 제가 나고 자란 지방에서 개원하는 것이 너무 당연했습니다. 서울에는 여러 저명한 정신과 전문의 선생님들이 계십니다. 그러나 이곳에도 저를 필요로 하는 사람들이 있을 거라고 생각했습니다. 시간이 지나고 보니 그분들로 인해 남들과 비교할 필요가 없는 저만의 의사다움이 만들어졌습니다.

　거의 10여 년 이상 제가 근무하는 병원을 따라다니면서 찾아오는 환자분들도 계십니다. 20대가 30대, 30대가 40대, 40대가 50대가 되는 동안 그분들의 삶도 성장하고 발전했습니다. 저도 정신과 전문의로서 함께 성장했습니다. 이런 분들을 마주하면 행복

합니다. 제가 점심 도시락을 싸 가지고 다닌다는 것을 우연히 알게 된 눈치 빠른 환자분 중에는 심지어 반찬을 선물해주시는 분들도 있습니다. 연근 조림, 소고기 장조림을 만들어서 갖다 줍니다. 나쁜 일이 아니라 오히려 좋은 일이 생겼는데 상담 예약을 하고 찾아와 꼭 제게 이야기해주고 싶었다며 기쁜 소식만 전하고 가는 분들도 있습니다.

젊은 환자들이 많다 보니, 정신과 상담이 아니라 세상살이를 상담해줄 일도 생깁니다. 20대 웹툰 작가 한 분은 작품 계약 문제로 고민이 있었는데, 진료 내내 계약 상담만 하고 가셨습니다. 이 모든 것이 소도시의 정신과 의사로 사는 즐거움입니다. 작은 동네에 살다 보니 소소한 일에도 오히려 성취감과 소속감을 누리기 쉽습니다. 저명한 인물들의 출신지 통계를 보면 작은 마을에서 자란 사람이 압도적으로 많다는 연구 결과도 있습니다. 난감할 때도 있습니다. 목욕탕에 갔다가 환자분을 마주했을 때는 그 원초적 마주침에 놀라 못 본 척하고 도망친 적도 있었습니다.

전 제가 그다지 학문적 역량이 뛰어나지 않다는 것을 빨리 깨달아서 의과대학 교수로 남겠다는 생각을 애초에 안 했습니다. 경쟁이 치열한 서울에 병원을 낼 것도 아니니, 유명한 개원의가 되겠다는 생각도 없었습니다. 그래도 제 삶은 제 삶대로 항상 목표가 있었습니다. 정신과 전문의라고 해도 개인의 경험의 양에 따라 모르는 일도 많습니다. 아줌마가 되기 전에는 결혼한 환자분들이 겪는 시댁과의 갈등에 대한 이해가 낮았습니다. 그럴 땐 육아 커뮤니티 등을 들어가 보면서 그들이 겪는 삶의 풍경을 알아보려고 애썼습니다. 제주도에 있는 병원에서 근무할 때는 제주 방언을 쓰시는 할머니들 진료가 어려워서, 간호사 한 분을 통역사처럼 옆에 두고 말을 배워가며 일했습니다. 최근에는 달라진 젊은 세대의 문화에 대해 섣불리 판단하지 않으려고, 더 깊게 이해하려고 노력합니다. 무엇보다 제가 의대생이던 시절, 전공의 시절에 배운 것에 머무르면 안 되기에 최신 연구와 관련 자료들을 찾아보려고 노력합니다. 그러다 보면 하루도 바쁘지 않은 날이 없습니다. 그렇게 저도 의사로서 제가 잘할 수 있는 것을 더 잘하려고 노력합니다.

반대로 제가 아무래도 잘 볼 수 없는 환자분들의 경우, 재빨리 다른 병원을 소개해줍니다. 제가 잘 못 보는 환자가 있다고 해서 속상해하지 않습니다. 다른 병원에서는 잘 못 보는 환자인데, 제가 더 잘 보는 환자도 분명 있으니까요. 모든 의사들이 똑같은 능력을 갖고 있다면, 세상에 이렇게 많은 병원이 있을 이유가 없을 겁니다.

이렇게 보면 제가 의사라는 직업 때문에 자존감이 높은 게 아닌 건 분명합니다. 저도 길다면 길고, 짧다면 짧은 시간 동안 마음에서 어떤 것은 잘라내고, 어떤 것을 키워가면서 이 자리에 왔습니다. 그렇지 않았다면 더 큰 성공과 인정에 목말라하면서도, 정작 자신의 장점이 무엇인지는 제대로 모르는 의사로 살고 있을지도 모르겠습니다. 과연 내가 버렸던 것은 무엇이고, 내가 가지려고 노력한 것은 무엇이었는지 새삼 궁금합니다. 그것이 제가 자존감이라는 주제를 본격적으로 연구하게 된 계기였던 것 같습니다.

· · · ·

오늘날 낮은 자존감의 문제로 괴로워하는 이들이 너무 많습니다. 제 앞에 앉아 "내 인생은 이미 이런 지방대학을 간 것에서 끝났다" "이런 부모 밑에서 커서 나는 결코 행복할 수 없다" "결국 돈을 많이 벌면 되는 거 아니냐"고 말하는 이들을 봅니다. 타고난 환경이나 이미 나온 결과처럼 정해진 것들이 있습니다. 이런 것들은 바꿀 수 없습니다. 그러나 분명 수많은 우연이 찾아옵니다. 이 우연을 나에게 좋은 운명으로 바꿀 수 있습니다. 정해진 것과 변화하는 것, 두 가지가 씨실과 날실이 되어 '나'라는 하나의 천을 만들어가는 겁니다. 이건 객관적 사실입니다. 진리에 가깝습니다.

그런데 이미 정해진 결과 때문에 괴로워하느라, 나만의 운명을 새롭게 발견할 수 있는 가능성을 스스로 차단하면 안 됩니다. 이 진리를 어떻게 이야기해줄 수 있을까를 고민했습니다. 진리는 우리를 자유롭게 하는 데 말입니다.

자존감이 시대의 화두가 된 것은, 역설적으로 좋은 일일 수 있습니다. 그만큼 '나다움'을 추구하는 사람들이 많아졌기 때문입니다. 자기다움을 찾는 건 인간이 가진 본능적인 욕구입니다. 인생에서 우리가 추구하는 좋은 목표입니다. 그렇다면 무엇이 진짜 자기다움을 만드는지를 아는 게 중요할 겁니다. 현실이 너무 힘들다고 나다움을 추구하는 것을 쉽사리 포기해서도 안 되고, 또 남들 눈에 초라해 보이지 않기 위해서 가짜 나다움에 취해서도 안 됩니다. 자기가 잘할 수 없는 일인데, 겉으로 볼 때 폼 난다는 이유로 그 일에 목매는 경우를 숱하게 봅니다. 자신을 객관적으로 보지 못해서, 정작 자기가 갈고닦아야 할 것들은 놓치는 경우를 봅니다. 그건 내가 나를 아프게 하는 일입니다. 남이 나를 아프게 하는 건 피하려 해도 어쩔 수 없이 겪을 때가 있습니다. 하지만 적어도 내가 나를 상처 주는 일은 하지 않아야 할 것입니다. 그것이 이 책에서 자존감의 문제를 제대로 이야기하고자 한 이유입니다. 이 책은 자존감에 대한 여섯 가지 레슨으로 이루어져 있습니다. 꼭 순서대로 읽지 않고, 자신의 관심이 끌리는 대로 읽어도 괜찮습니다.

네 가슴의 불을 따르라.
너에 대해 기대하는 세상의 것을 따르지 말고,
네 안에 무엇이 있는가 스스로에게 물어보라.
너의 흥미를 끄는 것을 따르지 말라, 그것들은 덧없는 것들이다.
오로지 너 자신이 누구인가와 네가 사랑하는 것만을 따르라.
그러한 것들만이 영원히 지속될 테니까.

독일의 작가 한스 크루파의 말입니다. 흥미를 끄는 것을 따르지 말고, 내 안에 무엇이 있는지를 잘 들여다보라는 말이 와닿습니다. 그럴 때에만 우리는 삶의 열정을 안고 살아갈 수 있습니다. 내 안에 존재하는 소중한 불을 꺼뜨리지 않고 살아갈 수 있습니다. 불은 이성의 상징이자 의지의 상징입니다. 그리스 신화에서 신들이 인간에게 주지 않았던 불을 프로메테우스가 가져다주었을 때, 인간은 신으로부터 자유로워졌습니다. 저는 프로메테우스의 불이 곧 자유의 상징이라고 생각합니다. 진짜 자존감을 갖는다는 건 나의 이성과 의지를 믿는 일입니다. 그리하여 자유로워지는 일입니다. 이 책을 통해 내 인생의 소중한 불을 가슴 안에 품을 수 있기를 바랍니다.

차례 ----------

이게 자존감인 줄 알았습니다

마음이 가난한 자는 소년으로 살고,
늘 그리워하는 병에 걸린다.

_허연, 「오십 미터」 중에서

공허해요, 차라리 아픈 게 나아요

"전 너무 자존감이 낮아요." 진료실에 들어오자마자 다짜고짜 이렇게 말하는 환자들이 있습니다. 간혹 신기할 때도 있습니다. 언제부터 '자존감'이 이렇게 일반적으로 쉽게 쓸 수 있는 단어가 되었을까요. 한 포털 사이트에서 발표한 2030세대가 가장 많이 검색하는 키워드를 보니, 심리 용어로 유일하게 자존감이 들어가 있었습니다. 유럽 여행, 혼밥 맛집과 같은 일상적인 키워드 옆에 또렷하게 자존감이 있는 걸 보니 기분이 이상했습니다.

자존감의 문제는 특별한 게 아니라, 누구나 겪는 보편적인 문제가 된 듯합니다. 얼마 전에 "모멸감"이라는 제목의 책이 나온 걸 보았습니다. 이런 제목의 책이 나오는 것도, 많은 이들이 자존감이 무너지는 문제로 고민한다는 증거입니다. 최근 10대들을 중심으로 많이 일어나는 자해 문제도 그렇습니다. 세상에 대한 분노, 자신에 대한 무력감 등으로 자존감이 극도로 낮아지면 자기 자신을 훼손하는 것으로 나아갑니다.

"혼자 있으면 공허해요. 그런데 자해를 하면 따끔따끔 아프면서 그로 인해 살아 있음을 느껴요."

"화가 나서 견딜 수가 없는데 그러다 보면 그 화가 나를 향해요. 아무 생각 없이 커터 칼로 손목을 긋고 있어요. 이상하게도 그 순간은 하나도 안 아파요. 그러다가 며칠 전에 새로 산 구두가 안 맞아 발뒤꿈치가 까져서 아파 죽는 줄 알았어요. 생각해보니 너무 우습더라고요. 그때는 손목 동맥이 다 드러나도 아프지 않았거든요. 그런 행동을 할 때는 뭔가 내 정신이 아닌 것 같아요."

이런 이들에게 자해는 공허하고 무력한 감정을 없애기 위한 일입니다. 설사 그게 고통이라도 내가 내 맘대로 할 수 있는 유일한 방법으로 선택하는 것입니다. 스스로 적극적으로 자존감을 낮추는 극단적인 방법인 것이죠. 중독과 폭식의 경우도 자해와 비슷합니다. 많은 환자들이 아무 생각 없이 몇 시간씩 계속 SNS를 하거나, 아무 생각 없이 매일 저녁 술을 마시고 있다거나, 아무 생각 없이 계속 먹고 있다는 이야기를 합니다. '아무 생각이 없다'는 건 자신의 행위에 대해서 의식하지 않으려고 한다는 것입니다. 자기 자존감이 낮다고 토로하는 사람들 중에는 이와 같은 증상을 이야기하는 이들이 꽤 많습니다.

자존감이란 현대에 들어서 주목받는 개념이지만, 학자들마다 자존감이라는 용어를 정의하고 사용하는 방식이 다양합니다. 이 개념들에 대해 살펴보는 것 자체도 자존감을 키우는 데 도움이 됩니다. 합리적이고 정확한 정보를 아는 것에서 오는 긍정적인 효과가 있기 때문입니다.

자존감은 심리학계에서는 자주 사용하는 말이지만, 정신의학에서는 아직 생소한 개념입니다. 왜 그럴까 생각해봅니다. 정신의학에서 주로 다루는 이슈는 부정적인 문제들입니다. 반면 자존감, 용기, 행복 등은 긍정적인 개념입니다. 건강한 사람이 건강에 대해 잘 생각하지 않는 것과 비슷한 상황이지요.

자존감의 개념을 도입하고 중시하는 쪽은 주로 인본주의 심리학자들입니다. 이는 심리학이 발전해온 과정과 관계가 있습니다. 무의식의 세계를 강조한 프로이트의 정신분석학을 제1의 심리학, 파블로프의 실험처럼 행동주의에 기반하여 인간을 탐구하는 것을 제2의 심리학이라고 말합니다. 이에 대한 반작용으로 등장한 것이 인본주의 심리학입니다. 인간의 자유의지와 자아실현에 초점을 더 많이 두는 인본주의 심리학을 제3의 심리학이라고 부릅니다.

칼 로저스가 대표적인 인본주의 심리학자입니다. 그는 인간의 궁극적인 목표를 '충분히 기능하는 인간(fully functioning person)'으로 보았습니다. 충분히 기능하는 인간은 삶의 순간에 집중하며, 자기 존재의 의미를 발견하는 삶을 추구합니다. 때문에 자신의 경험에 대한 자신감과 신뢰를 바탕으로, 타인의 판단이나 평가에 휘둘리지 않고 스스로가 가장 만족스러운 방향으로 행동합니다.

칼 로저스는 인간이 '자기 개념'을 갖고 있다고 이야기합니다. 이 '자기 개념'이라는 건 뭘까요. 자기 개념을 이루고 있는 요소를 살펴보면 쉽게 이해가 갑니다. 자기 개념은 모두 세 가지 요소를 갖고 있습니다. 첫째는 자기 가치 혹은 자존감(self worth or self esteem)입니다. '스스로를 어떻게 생각하는가'라는 개념입니다.

둘째는 자기 이미지(self image)입니다. '우리가 스스로를 어떻게 보는가'에 대한 개념입니다. 이 이미지는 성격 형성에 영향을 미칩니다. 쉽게 말하면 자신의 외모가 아름답지 못하다고 느끼면 내향적인 성격이 강화될 수 있다는 것입니다.

셋째는 이상적 자아(ideal self)입니다. 이는 '우리가 되고 싶어 하는 사람의 모습'을 뜻합니다. 로저스는 현실 자아와 이상적 자아의 차이가 클수록 자존감이 낮다고 보았습니다. 또한 자신을 긍정적인 존재로 여기기 위해서는 다른 사람의 인정이 필요하다고 말했습니다.

자존감의 문제를 본격적으로 정리한 사람은 너새니얼 브랜든입니다. 그는 자존감을 이루는 두 가지 큰 개념이 '가치와 능력'이라고 주장했습니다. 이 주장은 훗날 많은 학자들에게 영향을 주었으며 지금까지도 자존감을 설명하는 주된 가설로 자리매김하고 있습니다. 브랜든은 가치는 자기 존중으로, 능력은 자기 효능감으로 구체화된다고 설명합니다.

자기 존중은 한마디로 말해 '나는 나 자체로 소중하며 행복을 누릴 권리가 있다'는 것입니다. 이 자기 존중의 가치는 사회적으로도 확장되어 보편적 인권의 개념과도 연결이 됩니다.

자기 효능감은 '나에게는 삶에서 맞닥뜨리는 여러 문제에 대처할 능력이 있다'는 것입니다. 이는 현대 사회에서 경제적 능력을 갖추어 자립하게 만드는 기본 동력으로 연결됩니다.

오늘날 심리학의 여러 치료 방법들을 보면, 지금까지 살펴본 자존감과 관련된 개념들을 적극적으로 받아들이고 있는 것을 볼 수 있습니다. 최근 유행하는 마음챙김(mindfullness)이나 수용전념 치료 등이 그것입니다. 이와 같은 일종의 자존감 치료들이 주목받는다는 것은 무슨 뜻일까요. 저는 많은 사람들이 '나는 충분히 나만의 힘으로 나를 괴롭히는 고통으로부터 벗어날 수 있다'는 용기를 원하고 있다고 생각합니다.

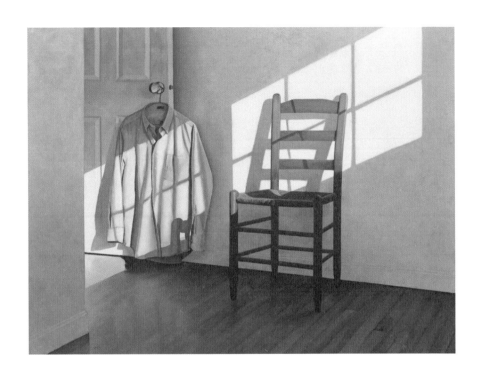

저마다 자신이 되고 싶어하는 사람의 모습이 있다.
현실의 자아와 이상 속 자아의 차이가 클수록 자존감은 흔들린다.
그 차이는 어떻게 좁힐 수 있을까.

자존감이 낮은 진짜 이유

그런데 자신의 자존감이 낮다고 말할 때, 도대체 무슨 상황을 그렇게 받아들이는 걸까요. 환자들을 보면서 제가 느낀 것은, 자존감에 대한 많은 오해를 갖고 있다는 사실입니다.

우선 "나는 원래부터 자존감이 낮아"라고 말하는 경우가 있습니다. 마치 혈압이 낮다는 말처럼 사용하는 것이지요. 자존감을 타고난 DNA처럼, 사람마다 똑같이 적용되는 자존감의 기준치가 있는 것처럼 여기는 것이지요. 자존감을 체크하는 검사는 여러 개가 있지만, 가장 적절하다 싶은 검사는 없습니다. 아마 이런 검사는 존재할 수 없을 거라고 생각합니다. 왜냐하면 자존감의 정의는 학자마다 다르고 시대마다 다르며, 개인마다 받아들이는 의미가 다르기 때문입니다. 무엇보다 자존감은 고정된 어떤 성질이 아니라, 인간이 살아가는 동안 다양한 상황에서 느끼는 어떤 상태이기 때문입니다. 당연히 계속 변화하는 것이고, 변화할 수 있는 것입니다. 그럼에도 불구하고 '저 사람은 뭔데 저런 상황에서도 저렇게 자존감이 높지? 타고나길 다른 종류의 사람 같다'라고 생각할 때가 있지요. 이건 개인이 가진 기질과 성격이라는 측면에서 이해하면 좋을 것 같습니다.

현재 심리학에서 신뢰도 높은 성격 검사로 부상 중인 TCI(The Temperament & Character Inventory) 검사가 바로 기질과 성격의 문제를 전면적으로 다룹니다. 이 중 어떤 것이 자존감과 특별히 관계가 높은지를 살펴보면 자존감의 정체를 이해하는 데 큰 도움이 됩니다.

TCI 검사는 네 가지 기질과 세 가지 성격을 측정합니다. 우선 T는 기질(Temperament)을 의미합니다. 어떠한 자극이 왔을 때 나타나는 자동적인 정서적 반응 성향을 말합니다. 이는 유전적으로 타고나며, 일생 동안 안정적으로 유지됩니다. 나를 구성하는 기본 틀이라고 할 수 있습니다.

C는 성격(Character)을 말하는데, 이는 타고난 기질(T)을 바탕으

로 환경과의 상호작용을 통해 형성되는 것입니다. 일생 동안 발달하고 변화하며, 자신이 추구하는 목표와 가치에 따라 개인 차이가 있습니다. 이는 타고난 기질로 인한 자동적인 정서 반응을 조절해주는 역할을 합니다.

즉, 내가 어떤 사건으로부터 반응을 일으킬 때, 최초의 반응은 기질이 결정하지만 최종 반응은 성격이 조절합니다. 기질이 자동적 반응이라면 성격은 의식적 선택입니다. 이 기질과 성격이 결합된 것이 한 개인의 고유한 인성(personality)입니다. 두 가지가 합쳐져 '나는 어떤 사람인가'를 결정합니다.

이 검사를 하는 이유는 자신이 가진 강점과 약점을 알고, 거기에 맞는 변화를 생각해볼 수 있기 때문입니다. 예를 들어 내가 인내력이 낮은 기질을 갖고 있다면, 인내력을 높일 수 있는 작은 목표를 가질 수 있습니다. 매일 수영을 하는 목표는 인내력이 낮은 나에게 좌절감을 주기 쉽겠죠. 그렇다고 아예 포기하지 말고 일주일에 이틀 이상 나가보자는 식으로 자기에게 맞는 목표를 설정할 수 있을 것입니다.

TCI에서 기질은 다시 네 가지로 분류됩니다. 자극 추구, 위험 회피, 사회적 민감성, 인내력입니다. 각 요소 중에 어떤 요소가 좋고 어떤 요소가 나쁠까요? 그런 건 없습니다. 예를 들어 사회적 민감성이 높은 사람들은 따뜻하고 동정심이 많지만, 반면 거절에 취약하고 쉽게 상처를 받지요. 이 기질에 따라 각 개인이 느끼는 인생의 만족도가 정해지는 것도 아닙니다. 인내력이 높은 사람은 부지런하고 높은 성취를 좋아합니다. 낮은 사람은 게으르지만 현재 성취에 만족합니다. 둘 중 어떤 사람의 행복도가 높을지는 알 수 없습니다.

그럼 성격은 어떻게 나눌까요. 세 가지로 나누는데 자율성, 연대감, 자기 초월입니다. 성격의 요소에는 개인이 추구하는 가치와 목적이 들어가 있습니다. 후천적인 자기 개념의 의미가 담겨 있습니다. 이렇게 생각하면 이해할 수 있습니다. "나는 예전에는 굉장히 내성적인 사람이었는데, 지금은 매우 적극적으로 변했어"라는 말을 합니다. 내성적인 기질이 아예 사라진 게 아닙니다. 타고난 내성적 기질은 남아 있습니다. 그러면 적극적인 모습은 어떻게 생겨난 것일까요. 후천적으로 자신이 적극적인 사람이 되는 것을 선택했다고 할 수 있습니다. 또는 다른 사람으로부터 영향을 받은 측면도 많을 겁니다.

성격의 세 가지 요소 중에서 자율성이 자존감과 가장 관련이 높습니다. 스스로 자존감이 낮다고 말하는 이들은 자율성이 낮다는 특징이 있습니다. 검사 항목을 자세히 말씀드릴 수는 없지만, TCI 검사에서 자율성이 낮은 사람들이 주로 체크하는 항목들은 주로 다음과 같은 내용입니다.

- 내 삶을 어떤 방향으로 이끌어가야 할지 정확하게 모를 때가 있다.
- 어떤 일을 결정할 때 주변 사람들과 먼저 상의하는 편이다.
- 인생이 별다른 목표나 의미가 없는 것처럼 느껴질 때가 있다.
- 다른 사람들이 나를 좋아하지 않으면 쉽게 상처를 입는다.
- 뭔가를 힘들여 노력하고 싶지 않은 때가 자주 있다.
- 내가 하고 싶은 대로 선택할 수 있는 자유가 별로 없다고 느낀다.

내용을 보면 알겠지만, 자율성은 나와 나 자신이 어떻게 관계 맺고 있는지를 보여줍니다. 자신을 얼마나 자유롭고 스스로 행동할 수 있는 개인으로 느끼고 있는지, 그 정도를 의미합니다. 자율성은 상황에 맞게 나의 행동을 스스로 조절하고, 적응하고, 통제하는 능력을 의미합니다. 자율성을 가진다는 건 구체적으로 어떤 의미일까요. 자율성의 세부 항목을 살펴보면 이해가 됩니다. 책임감-책임 전가, 목적의식, 유능감-무능감, 자기 수용-자기 불만, 자기 일치 등입니다. 이 항목들은 자존감과 관련된 개념과 매우 일치합니다.

자율성이 높은 사람은 책임감이 있고, 목적의식이 있으며 효율적인 유능감이 있습니다. 자기를 수용하며, 자기 일치의 삶을 살기 위해 노력합니다. 바로 자존감이 높은 사람의 특징입니다.

반대로 자율성이 낮은 사람은 책임을 떠넘기며, 목적의식이 없습니다. 스스로 무능하다 생각하고 자기 불만이 있으며, 자기 일치를 위해 노력하는 삶을 살지 못하고 있습니다. 바로 자존감이 낮은 사람의 모습이지요. 실은 상담 치료나 정신분석의 목표는 이 자율성을 높이는 것입니다.

자율성 못지않게 중요한 것은 연대감입니다. TCI 검사에서는 자율성과 연대감을 합한 값을 중요하게 들여다봅니다. 이는 인간의 성숙도와 관련이 있기 때문입니다. "저 사람 참 본받을 만한 사람이다"라고 말할 때의 의미를 생각해보면 쉽게 이해가 됩니다. 자율성도 높고 연대감도 높은 이들은, 자존감이 높고 타인에 대한 존중도 실행하고 있는 어른스러운 사람인 것입니다.

그런데 여기에서 왜 연대감이 중요할까요. 연대감은 '나 자신'과는 별로 상관없는 거 아닌가요. 자존감에 대한 많은 조언들이 이 부분을 말하지 않습니다. 다른 사람들과의 비교와 열등감이 우리에게 상처를 준다면, 마찬가지로 다른 사람들과 긍정적인 관계를 맺을 수 있는 능력이 자존감을 키우는 데 매우 중요합니다. 바로 이 능력이 연대감이기 때문입니다.

연대감의 세부 항목은 어떨까요. 타인 수용, 공감-둔감, 이타성-이기성, 관대함-복수심, 공평-편파가 있습니다. 자존감이 높은 사람은 공감력이 높고, 자비심이 많으며, 원칙주의자입니다. 타인과 관계를 가질 때도 상대를 나에게 맞추려고 하지 않고 상대방이 갖고 있는 고유한 가치를 중요하게 여깁니다. 의외라고 생각되지요? 타인과의 관계가 내 맘대로 되는 것은 아니지만, 적어도 타인과의 관계에서 내가 어떤 존재로 살아야 하는가를 생각할 줄 아는 사람이 자존감이 높은 사람입니다.

자율성과 연대감, 이 두 가지가 다 높을수록 자존감이 높습니다. 자율성은 높은데 연대감이 낮으면 어떻게 될까요. 간혹 환자분들 중에 스스로 자존감이 높다고 생각하는 자만심이 높은 이들이 여기에 속합니다. 이들은 독재적이고 경쟁적입니다. 타인에 대해 경멸의 자세를 갖고 있고 수직 구조로 인간관계를 판단하는 경향이 있습니다. 수많은 일중독자 꼰대들이 여기에 속합니다.

자율성이 낮고 연대감이 높아도 좋지 않습니다. 이런 이들은 복종적이고 자기주장이 약합니다. 인간관계에서 남에게 의지하는 경향을 보이게 됩니다. 인생이 자기 패배적인 관점에 사로잡혀 있지요. 이처럼 자존감은 자율성과 연대감 모두와 관련이 있고, 훼손된 자존감을 회복하거나 낮아진 자존감을 높이려고 할 때는 이 두 항목과 관련된 능력을 모두 키워야 합니다.

그러나 자존감이 낮다고 말하는 사람들은 스스로 이 두 가지 요소가 낮다고 생각하지 못합니다. 그보다는 다른 문제에 집중합니다. 부정적인 감정이라든가, 과거의 상처, 타인이 내게 한 잘못 등에 대해서 주로 생각하게 됩니다.

즉, 내가 할 수 있는 일이 아닌 것에 매여 있는 것입니다. 사람이 성장하는 과정에서 높여가야 하는 능력이 무엇인지 깨닫지 못하고 있는 것이지요. 이미 부모의 품으로부터 벗어난 성인이나, 자신이 아이를 키워야 하는 부모 중에도 자존감이 낮은 이들이 많습니다. 나이가 들고 새로운 역할을 갖게 되면, 그에 맞는 자율성과 연대감을 높여야 하는데, 그러지 못한 것입니다. 그런 사람들을 들여다보면 10대 시절 수준의 자율성과 연대감을 갖고 있는 경우가 많습니다.

어느 직장인 환자는 자기는 핸드폰 바탕에 "똑똑하지 않은 사람은 지배당하기 쉽다"라고 써놓았다고 했습니다. 이 분은 형제들 사이에서 공부를 못 한다고 차별당하고 컸는데, 지금은 일하지 않는 다른 가족들 때문에 대부분의 수입을 집에 가져다주는 사람이었습니다.

왜 이런 문구를 써놓았냐고 물어보니, 자신이 사리 분별이 없어서 당하는 것 같다는 생각이 들었다고 했습니다. 내가 학창 시절에 공부를 못 한 게 이제 성인이 된 자기 삶에 영향을 주는 것도 아닌데, 왜 주눅이 들어야 하는지 모르겠고, 가족들에게 끌려다니지 않으려면 상황 판단부터 잘해야겠다는 깨달음이 왔다고 했습니다. 자신의 이성적 능력을 키워서 자존감을 키우겠다는 결심입니다. 자존감은 이처럼 나의 자율성을 높이기 위한 각성에서부터 시작합니다.

나는 어떻게 타고난 사람일까

자존감은 타고나는 게 아니지만, 선천적인 기질과 관련이 있습니다. 오늘날 현대 의학은 우리 뇌 기능의 80퍼센트가 태어날 때부터 거의 정해져 있다고 말합니다. 물론 나머지 20퍼센트의 차이가 인생에서 큰 차이를 만들어내기 때문에 걱정할 필요는 없습니다. 제가 말하고 싶은 건 타고난 기질이라는 게 있고, 이는 마음의 문제와도 관련이 있다는 겁니다.

제가 우울증 환자를 진료할 때 분명히 객관적으로 증세가 호전되어도 감정 상태가 무덤덤한 사람들이 있습니다. 그분들은 "왜 우울증이 치료되었다면서 기분이 좋아지지 않느냐"고 저에게 물어봅니다. 자세히 물어보면 어릴 때부터 무덤덤한 성향의 사람이 있다는 것이 밝혀지는 경우가 종종 있습니다.

혹은 타고나기를 불안도가 높은 사람들이 있습니다. 이런 이들은 자존감을 높이기 어렵습니다. 비유를 하자면 사람은 누구나 자신만의 화재경보기를 가지고 사는데 이들의 화재경보기가 꽤 과민한 것이지요. 위협적이지 않은 상황에도 화재경보기를 울리고 부정적으로 반응합니다. 혹여 나쁜 일이 생기면 '전부 내 탓이야' '모두 나를 싫어해' '나는 절대 하지 못할 거야'라는 식으로 반응하는 사람들이 여기에 속합니다.

적극성이 요구되는 현대 사회에서는 내향적인 사람보다는 외향적인 사람이 자존감이 높게 형성될 확률이 높습니다. 적극적이고 진취적인 성향으로 인해 직업적으로도 쉽게 성공을 거둘 것으로 보입니다. 그러나 이 확률도 노력하는 성실함과 짝을 이룰 때 가능합니다.

타고난 기질과 자존감은 마치 닭이 먼저냐 달걀이 먼저냐 하는 문제와 비슷합니다. 기질과 자존감은 서로 영향을 주고받지만, 인과관계라고 보기는 어렵습니다. 사람의 목소리는 각자 타고난 음역과 톤이 다 다르고, 그에 따라 잘 부를 수 있는 노래가 다릅니다. 노력해야 하는 방식도 다르겠지요.

다만 자존감이 오로지 후천적인 환경에만 좌우된다면, 똑같이 불우한 환경에서 큰 자녀들은 모두 자존감이 낮아야 하는데 그렇지 않은 경우도 많습니다. 알코올중독자 아버지, 신경질적인 어머니, 극빈자 가정에서 자란 영애 씨도 그런 경우입니다.

"저는 다른 가족들과 많이 달라요. 뭔가 설명하기는 어려운데요. 가족들은 무슨 일이 생기면 남 탓을 해요. 좋은 일이 있어도 미리 안 좋은 경우를 먼저 걱정해요. 우리 오빠는 다른 사람이 잘되는 꼴을 못 보고 매일 뒷담화만 해요. 저는 진짜 우리 가족들이 이해가 안 돼요."

영애 씨는 타고난 기질이 다른 형제들과 달리 긍정적이었고, 그 기질을 바탕으로 자기 자존감을 스스로 잘 지켜나가는 사람이었습니다.

1982년에 발표된 워너와 스미스(Werner & Smith)의 연구 결과도 이를 반증합니다. 이들은 1955년부터 하와이의 카우아이섬에서 태어나는 모든 신생아 833명에 대한 대규모 종단 연구를 실시하였습니다. 이들 중에서 극단적으로 열악한 환경에 놓인 201명을

30년이 넘은 뒤에 추적 관찰한 결과를 살펴보면, 3분의 2는 자라면서 학교와 집에서 학습과 부적응으로 여러 문제를 일으켰고 소년원, 정신질환, 미혼모 등의 삶을 살았습니다. 여기까지는 예측 가능합니다. 그런데 나머지 3분의 1은 별다른 문제를 일으키지 않았고 반대로 긍정성과 자존감이 높은 젊은이로 잘 자랐습니다. 이를 설명할 수 있는 방법이 별로 없습니다. 타고나기를 더 긍정적이었다고 말할 수밖에요.

다만 이 연구에서 자존감과 긍정성이 높은 이들의 후천적 공통점이 하나 있었습니다. 바로 그 아이의 입장을 무조건적으로 이해해주고 사랑해주는 어른이 적어도 그 아이 일생 중에 한 명은 있었다는 사실입니다. 엄마, 아빠, 할머니, 이모와 같은 가족이든 선생님이나 옆집 아저씨 같은 타인이든 말입니다.

이 연구에서 우리는 세 가지 사실을 발견할 수 있습니다. 첫째는 개인마다 타고난 기질의 차이가 존재한다는 것이고, 둘째는 그동안 자존감을 논할 때 빠짐없이 등장하는 과거의 트라우마가 절대적인 영향을 미치지 않는다는 것입니다. 셋째는 자존감이 형성되는 과정에서 나에게 존중의 거울을 비춰주는 타인이 꼭 필요하다는 것입니다.

자존감이 선천적 기질과 관계가 있다면, '그러면 불안도가 높은 나는 평생 이리 자존감이 낮게 살아야 하느냐'고 물어보고 싶을 것입니다. 이는 단지 약간의 경향을 띨 뿐입니다. 불안도가 높더라도 이를 극복하고 자존감 높게 내 삶을 얼마든지 행복하게 살 수 있습니다. 반면 적극적이고 외향적 성격이라 할지라도 자존감 낮고 힘든 삶을 보낼 수도 있습니다. 자신이 태어난 선천적 기질이 다소 불리하더라도 이를 극복해내는 것이 인간의 고유한 특징입니다. 우리가 자존감이라는 주제에 관심을 가지는 것도 무엇인가를 극복하고자 하는 의지가 있기 때문입니다.

한 가지 고백을 하자면 저도 타고나기를 불안도가 높은 사람입니다. 수련의 시절에 응급의학과나 산부인과를 돌 때 깨달았습니다. 환자의 생명줄을 잡기 위해 1분 1초가 급박한 상황에서는 불안도가 낮은 사람이 더 잘 대처할 것입니다. 그런 점에서 저는 불리한 기질을 가졌다는 것을 절실하게 깨달았습니다. 그것이 정신과를 택하게 된 이유 중 하나이기도 합니다. 제가 응급의학과를 갔다면 자존감이 매우 낮은 삶을 살고 있을지도 모르겠습니다.

전공의 시절에도 힘들었습니다. 다른 이유가 아니라 남들 앞에서 해야 하는 발표가 너무 힘들었기 때문입니다. 일주일에 몇 번

씩이나 하게 되는 케이스 컨퍼런스, 저널 리뷰, 정신분석 슈퍼 비전, 그룹 치료 슈퍼 비전, 각종 북 리딩 등등. 끊임없는 발표로 4년 내내 괴로웠습니다. 크고 중대한 발표가 있으면 혹시 실수할까 봐 불안도가 높은 환자들이 연주회나 프리젠테이션을 할 때에 일시적으로 불안도를 낮추기 위해 처방받는 약을 처방해 먹기도 했습니다. 왜냐하면 저는 지극히 내향적인 사람이기 때문입니다. 오죽하면 "전문의가 되니 뭐가 제일 좋으냐?"고 누가 물으면 더 이상 발표를 안 해도 된다고 진심으로 답할 정도였을까요.

몇 년 전 한 모임의 총무를 맡은 적이 있었습니다. 총무의 역할 중 하나가 공식 모임에서 사회를 보는 것이었는데, 저는 마이크만 잡으면 얼굴이 빨개지고 땀을 삐질삐질 흘리며 내용에 두서가 없어집니다. 환자들과 소통할 때나 병원의 동료들과 이야기할 때는 아무 문제 없는 사람이 20분 정도의 간단한 사회를 보는 능력도 부족한 것입니다.

그래서 모임의 회장인 선배에게 사정을 이야기하니, 다행히 잘 이해해주어 선배가 진행을 담당해주었습니다. 사회도 못 보는 총무가 어디 있느냐고 구박하지 않고 도와준 선배가 매우 고마웠습니다. 그 당시에 저는 자존감이 꽤 올라가 있을 때라 '나는 왜 이

모양일까'라고 생각하지 않았습니다. '그래, 역시 나는 킹이 아니고 킹메이커가 잘 어울리는 사람이야'라고 생각했습니다. 이런 걸 요즘에는 '정신 승리'라고 하지요. 이런 종류의 정신 승리를 정신의학 용어로는 '합리화(rationalization)'라고 합니다. 불안을 감추기 위한 여러 방어기제 중 하나입니다.

방어기제와 자존감의 관계를 살펴보는 것 또한 매우 흥미로운 일입니다. 프로이트의 이론에 따르면 방어기제는 내면의 갈등과 불안을 해결하기 위한 인간의 적응 방식을 의미합니다. 이 방어기제는 성숙한 방어기제와 미성숙한 방어기제로 나뉩니다.

당연히 자존감이 높은 사람들은 성숙한 방어기제인 유머, 이타주의 등을 잘 사용합니다. 반대로 자존감이 낮은 사람들은 미성숙한 방어기제인 투사, 부정, 합리화 등을 사용합니다. 저는 개인적으로 유머의 방어기제를 사용하는 사람을 좋아합니다. 어색한 분위기를 풀어주기 위해, 자신의 의사전달을 분명하게 하기 위해 유머를 사용하는 이들은 자신의 자아를 잘 보호하면서도 타인을 존중하는 마음도 잃지 않는 이들입니다.

하버드 대학의 조지 베일렌트 교수는 나이가 들어가면서 성숙한 방어기제를 사용할 수 있는 사람과 아닌 사람들의 특징을 연

구했습니다. 유머 감각, 이타주의, 만족을 유보하는 능력, 미래지
향성 등의 성숙한 방어기제를 잘 사용하는 사람일수록 노년에 만
족스러운 생활을 누리게 된다는 것이었습니다.

　지능과 자존감이 관련이 있느냐는 질문도 많이 받습니다. 쉽게
말하면 공부를 못하는 사람은 자존감이 낮은가 하는 질문입니다.
어떤 분들은 제가 공부를 잘했던 의사니까 당연히 자존감이 높을
거라고 생각합니다. 여기에는 자신이 자존감이 낮은 것은 학력이
낮기 때문이니 어쩔 수 없지 않느냐는 논리도 숨어 있습니다.

　사실 지적 능력과 자존감은 상관이 없습니다. 자존감은 직업에
서의 성취도와는 관계가 있습니다. 그러나 공부를 잘하고 좋은
대학을 가고, 그리하여 상대적으로 안정적인 직업을 가지게 된다
고 해도 자존감은 낮아질 수 있습니다. 자존감은 이런 외부적인
조건보다는 대인관계 능력, 예상치 못한 역경을 극복하는 회복탄
력성 등과 더 깊은 관계가 있습니다.

　좋은 대학을 가면, 좋은 직업을 가지면 자존감이 높다는 것은,
벤츠를 갖고 있으면 자존감이 높아진다는 생각과 같습니다. 어릴
때는 머리가 좋은 사람이 자존감이 높다고 생각할 수도 있습니
다. 그러나 어른이 된다는 것은 인생에서 성적표 외에 다른 요소

들이 미치는 힘이 더 크다는 것을 깨닫는 일이기도 합니다. 이 사실을 알면서도 인정하지 않으려는 마음이 있습니다. 결국 자기를 괴롭히는 일을 자기가 인정하는 꼴입니다. 이렇게 되면 외부적 평가에 좌우되는 미성숙한 상태에 머물게 됩니다.

얼마 전, 여러 분야의 전문가들과 함께 직장인들을 위한 인문학 책을 쓴 적이 있습니다. 이 책에서 자존감 문제를 다루었습니다. 책을 소개하는 블로그에 이런 댓글들이 있었습니다. "자존감이 정신적 가치라고? 웃기지 마라. 자존감은 벤츠에서 나온다." 이런 회의적인 반응들이 꽤 있었습니다.

학벌, 직업, 부가 성취의 증거일 수는 있지만, 그런 성취가 인생의 모든 상처를 예방해주는 건 아닙니다. 예를 들어, 좋은 대학을 나왔는데 계속해서 취업에 실패하게 되면 당연히 자존감이 떨어질 것입니다. 그럴 때 '왜 나보다 더 좋은 대학을 나오지도 않은 사람이 뽑혔을까. 내가 뭔가 문제가 있는 걸까' 이렇게 좌절해서는 안 됩니다. 자존감이 높은 이들은 취업이 꼭 학업이라는 요소에 의해 결정되지 않는다는 것을 이성적으로 알 수 있습니다. 물론 내가 취업을 하지 못한 이유를 찾아내고 노력할 수 있습니다. 그런 생각을 할 수 있기 위해서라도, 학업과 취업은 다른 영역이라는 것을 합리적으로 판단해야 합니다.

물질적 부유함도 비슷합니다. 물질적인 부가 있다고 해서 자존감이 높은 사람인 건 아닙니다. 무엇보다 자존감은 벤츠를 타고 다닐 때 필요한 게 아니라, 벤츠를 타지 못하게 되는 상황에서 더 필요하고 더 잘 드러납니다. 자존감은 성공했을 때보다 실패했을 때 극복을 하려는 정신적 의지의 산물이기 때문입니다.

자존감은 지능, 직업과 관련은 없지만 지성과는 깊은 관련이 있습니다. 지성이란 새로운 상황에 부딪혔을 때, 맹목적이거나 본능적인 방법이 아니라 지적인 사고에 근거하여 그 상황에 적응하고 과제를 해결하는 성질을 말합니다. 자존감은 일류대학과 전문직의 산물이 아니라, 지성의 산물입니다.

엘리트들 중에도 사이비 종교에 빠지는 이들이 있습니다. 그들은 지능은 높을지 몰라도 지성의 힘이 약한 것입니다. 인생의 소중한 가치를 스스로 찾지 못하고, 절대적인 힘을 가진 무엇인가에 자신을 의지하는 것입니다.

자존감에 대한 여섯 가지 함정

자존감이라는 키워드가 범람하는 것만큼 자존감을 높일 수 있는
여러 조언들이 넘쳐납니다. 부정적인 생각에서 벗어나라. 나 자
신을 사랑하라. 상처 주는 사람들과 거리를 둬라. 과거의 트라우
마를 극복하라 등의 이야기를 우리는 숱하게 듣습니다. 물론 유
용한 해법들입니다. 그러나 이런 해법들을 가만히 들여다보면 여
러 가지 함정이 있습니다.

　그중 첫 번째는 앞에서 살펴보았듯이 일단 '자존감'이 무엇인지
에 대한 이해가 분명하지 않은 채, 자존감이라는 키워드 자체에
너무 몰입하게 만든다는 것입니다. 자존감에 대해 크게 생각하지
않았던 사람도 '이런 건 자존감이 낮은 사람이나 하는 행동이구나'

라고 생각하게 되면, '나에게 문제가 있는 게 아닌가'라는 의심을 하게 됩니다. 마치 건강 염려증 같은 일이 벌어지는 것이지요.

둘째, 자존감을 '감정'의 문제로 다루는 데서 오는 부작용도 있습니다. 감정 중에서도 '부정적인 감정'을 없애는 법에 집중하는 경향이 강합니다. 부정적인 감정을 느낀다고 하여 자존감이 훼손되는 것은 아닙니다. 감정은 즉각적이고 자동적인 반응일 때가 많습니다. '아, 기분이 나쁘다. 그렇지만 이게 기분 나쁠 일은 아닌 거지?' 이렇게 그 반응을 자기 스스로 해석하고 이해하고 조절하는 과정에 따라, 자존감은 나쁜 감정에 영향을 받을 수도 있고 받지 않을 수도 있습니다.

그런 점에서 긍정적인 감정이라고 모두 다 자존감을 높이는 데 도움이 되지는 않습니다. 좋은 감정이라고 해도 때로 거리를 두고 멀리해야 하는 일이 있습니다. 나에게 오히려 독이 되는 경우도 있기 때문입니다. 예를 들면 칭찬받았을 때 느끼는 기분이 대표적입니다. 그 감정에 과하게 도취되면 자신을 객관적으로 판단할 수 없게 됩니다. 자기에게 좋은 말만 하는 사람들만 옆에 두어 잘못된 판단을 내리는 리더들이 이런 경우입니다.

셋째, 자존감과 관련된 가장 중요한 함정은 자존감을 주로 트라우마에 대한 문제로 다룰 때 생깁니다. 누구나 살아가면서 우발적이든 고의적이든, 어떤 부정적 경험으로 인해 트라우마가 생길 수 있습니다. 그러나 그 트라우마가 이후의 직장생활과 같은 나의 모든 일상에 영향을 미치는 것은 아닙니다. 연애와 같은 모든 인간관계에 영향을 미치는 것도 아닙니다. 트라우마가 사라지면 좋겠지만, 설령 사라지지 않는다고 해도 그것을 일상에서 잘 다루는 법을 배워갈 수 있습니다.

트라우마를 자존감과 연결시키면, 자존감이 낮아진 이유를 더 원천적인 무언가, 더 근원적인 상처에서 찾게 됩니다. 잘못하면 현재의 자신을 어쩔 수 없이 상처를 받아야만 했던 '미숙하고, 어리고, 무기력하고, 약했던' 과거의 나로 되돌리는 함정에 빠지게 될 수도 있습니다.

특히 어린 시절의 상처를 다룰 때 이와 같은 함정이 쉽게 발생합니다. 어릴 때는 주어진 환경, 주어진 인간관계가 절대적입니다. 이 주어진 인간관계는 내가 싫든 좋든 끊기가 어렵습니다. 하지만 '사회적 자아'가 형성되는 시기를 거치면서 '나만의 인간관계'를 맺는 방식이 만들어집니다. 인간은 성장하면서 자율적이고 자유로운 관계를 만들 수 있는 능력을 누구나 가질 수 있습니다.

단, 주민등록증이 주어지는 것처럼 만 20세가 넘으면 자동적으로 이런 능력이 완성되는 것은 아닙니다. 스물이 되면서, 서른이 되면서, 마흔이 되면서, 계속해서 이 능력은 키워나가는 것입니다. 이런 능력이 성장하고 있다고 느끼지 못할 때, 혹은 이런 능력이 퇴보하고 있다고 느껴질 때, 우리는 자존감이 훼손된다고 느낍니다. 그런데 자존감을 오로지 트라우마의 문제로 접근하게 되면 그런 문제를 야기한 원인, 즉 타인과 과거에 집중하게 됩니다. 자신의 능력을 키우는 것에 집중하게 되는 게 아니라 이제는 되돌릴 수 없는 '과거'에 계속 집착하게 되는 것입니다.

넷째, 감정과 트라우마의 문제로 자존감을 주로 다루는 심리서들의 경우 마이크로 단위까지 개인의 감정, 행동 패턴, 대인관계 패턴을 분석하는 데 집중하고 있습니다. 솔직하게 말하면 너무 사람을 자잘하게 만든다고 할까요. 부정적인 것은 그렇게 세세하게 다루면서, 정작 필요한 개인의 의지, 용기 등에 대한 이야기는 한두 마디로 넘어가는 경우도 많습니다. 98퍼센트를 나쁜 이야기만 하다가 2퍼센트 정도 좋은 결론으로 성급하게 마무리하는 것이지요. 그러면 정작 필요한 2퍼센트에 대한 건 잊어버리고, 자기가 접하는 일마다 더 민감하게 반응하게 되는 부작용이 일어날 수도 있습니다.

간혹 진료실에 찾아오는 환자분들 중에 이런 경우를 종종 봅니다. "나는 심리서가 나오기만 하면 다 읽는다. 내 대인관계는 이래서 문제이고, 내 행동은 이래서 문제인 것 같다"며 세세하게 자기 분석을 합니다. 듣다 보면 자신의 에너지를 정작 써야 할 곳에 안 쓰고, 그런 세부적인 문제에 대처하는 데 다 써버리고, 마음의 에너지가 고갈된 상태인 경우가 많습니다.

다섯째, 자존감이 낮은 원인을 본인의 생각하는 방식에 있다고 보고, 이를 교정하는 데 중심을 두는 입장도 있습니다. 사람마다 습관이 있듯이, 생각하는 방식도 어떤 습관이 있습니다. 잘못된 생각의 습관을 고치면 된다는 것입니다. 개인이 갖고 있는 내면의 인지패턴을 수정하면 자존감이 높아진다는 것입니다. 이 방식은 타고난 기질에 따라 일어나는 자동적인 감정, 생각하는 방식에 집중합니다. '왜 나는 항상 이런 식으로 생각하지?' 이런 의문을 갖고, 내가 가진 자동적인 생각의 패턴을 수정하는 것입니다.

저도 이와 같은 인지 행동적인 측면의 중요성에 동의합니다. 하지만 이런 방식을 과도하게 사용하게 되면 나의 행동 하나하나마다 이유를 찾게 되는 부작용도 있습니다. 모든 행동에는 이유가 있겠지만, 그 이유를 모두 알아야 하는 건 아닙니다. 우리의 삶에 영향을 미치지 않는 이유들도 많습니다.

또 하나, 나만의 사고패턴에 집중하다가 타인과 외부 세계에 대한 영향력을 과소평가하게 될 가능성도 있습니다. 우리가 생각하는 방식은 의외로 타인과 환경의 영향을 많이 받습니다. 때문에 생각하는 방식을 바꾸기 위해서는 '나의 자동적인 인지패턴'을 찾아내는 것도 좋지만, 타인을 활용하는 것도 좋은 방법입니다. 예를 들어 좋은 멘토를 흉내 내보는 행동은 성장 과정에서 큰 도움이 됩니다. 눈으로 보고 배우는 모델이 있는 건, 나 자신만의 우물만 파는 것과 다른 효과가 있습니다.

게다가 인지패턴을 수정하기 위해서는 내가 맺고 있는 좁은 관계에서만 세상을 바라보는 게 아니라, 거시적인 차원에서 세상의 다른 측면을 발견해낼 수 있는 시각도 필요합니다. 또한 타인에 대한 건강한 애착, 소속되어 있는 집단에 대한 발전적인 공유도 필요합니다.

즉, 나의 생각이 왜곡되어 있다는 것을 비춰볼 수 있는 여러 가지 거울을 가져야 합니다. 그래서 자존감을 높이려면 자기 생각에만 집중하는 게 아니라, 더 많은 외부 세계와 소통해야 합니다.

자존감은 타인을 존중하는 차원까지 나아가야 합니다. 그래야 내 자존이 떨어졌을 때, 그 타인 존중이 돌고 돌아 나의 자존을 높여 주기 때문입니다.

이런 제 생각을 스스로 비판하자면, 우리 집 앞의 눈만 쓰는 게 아니라, 온 동네 눈을 다 쓸고 다닌다는 느낌이 들 수도 있습니다. 하지만 내 자존이 튼튼해져서 다른 사람의 자존을 높이는 일에도 기여하게 된다면, 이는 안정된 소속감과 높은 자아실현을 만들어줍니다. 나중에 살펴보겠지만 자존감은 소속감과 깊은 관련이 있습니다.

여섯째, 자존감이 개인의 책임과 성취의 문제와 전혀 관계없는 것처럼 대하는 오해도 있습니다. '그래, 나는 잘못한 게 없어' '나는 이대로 충분히 괜찮아'라는 마음만으로는 의외로 자존감이 높아지지 않습니다. 간혹 나를 너무 혹사시키는 회사에 지쳐서 퇴사하거나 이직을 했는데, 그래도 계속 무기력한 상태에 머무는 이들이 있습니다. 한 달씩 쉬어도 이 무력함이 회복이 안 됩니다. 무기력함을 이기려면 자율적인 성취와 몰입의 경험이 필요한데, 그걸 경험할 수 있는 어떤 일도 하지 않으려고 할 때 생기는 부작용입니다.

자율성과 연대감이 높은 이들은 스스로가 변화하고, 자신의 부족함을 깨닫고, 공동의 책임을 질 줄 압니다. 때문에 성취와 몰입의 경험을 중요하게 여깁니다. 자신의 에너지를 고갈하는 것과 자기 성취에 몰입하는 것을 구분할 줄 압니다.

이제까지 자존감과 관련된 여러 오해와 이로 인해 발생하는 함정을 살펴보았습니다. 이런 함정에 빠지지 않기 위해 필요한 일을 정리해보자면 다음과 같습니다.

1. 트라우마를 지나치게 확대해석하지 말자.
2. 개인의 의지와 책임을 중시하자.
3. 여기저기 현실 무대에서 구르자.
4. 타인 존중도 꼭 필요하다. 돌고 돌아 나의 자존을 높인다.
5. 멘토의 존재도 꼭 필요하다.
6. 성취와 몰입의 경험도 자존감을 올린다.

전 인간이 갖고 있는 마음의 힘이 꽤 강하다고 생각하는 편입니다. 임상에서 만나보면 절대로 나을 수 없을 것 같은 병을 앓던 사람이 결국에는 그 병을 이겨내는 경우를 종종 봅니다. 하지만 내가 강한 사람이라는 생각을 갖기 쉽지 않습니다. 아주 작은 일도 나를 너무 크게 괴롭힙니다. 세상에는 애써도 되지 않는 일이 너무 많고, 나에 대한 기본적인 예의도 차리지 않는 사람들이 많다는 느낌이 듭니다.

여기에는 이 시대가 처해 있는 상황도 한몫을 합니다. 오늘 우리가 살고 있는 세상은 끝없이 경쟁하고, 끝없이 평가받는 곳입니다. 심지어 그 경쟁의 시작은 더 빨라지고 있고, 그 평가는 더 세세해지고 있습니다. 그래서 작은 것에 민감해지고 거칠어지는 사람들이 많아지는 것입니다. 다른 사람이 거친 모습을 보이면 나도 힘들지만, 나 또한 그런 모습으로 변해가고 있습니다. 방어적인 공격성을 발휘하는 존재로 자꾸 바뀝니다. 이런 환경에서는 단단한 자존감이 잘 생겨나지 않습니다.

게다가 엄청난 기술의 발전으로 인해, 우리는 너무 다른 종류의 자극을 동시에 받는 일상을 살게 되었습니다. 5분 전에 알았던 사실이 5분 뒤에 다른 사실로 바뀌기도 합니다. 내가 자율적으로 먼저 생각하고 결정하기 전에, 계속 외부에서 주는 압박에 시달리게 됩니다. 부모가, 상사가 계속해서 나에게 뭔가를 쏟아냅니다. 나는 아직 앞의 일을 처리하지도 못했는데, 계속 과제가 밀려듭니다.

'이 일을 이렇게 처리하는 게 더 좋겠구나'라고 내가 먼저 생각하고 행동하기 전에, '이런 상황이 벌어지고 있으니까, 이렇게 처리해라'라는 지시가 먼저 내려오는 일이 빈번해졌습니다. 예전에 비해 노동시간은 짧아졌는데도 불구하고 현대 사회의 회사원들이 극심한 스트레스를 받는 것은 이 때문입니다. 직장에 들어가서도 계속 경쟁하고 평가받아야 하는 데다, 동일한 노동시간 안에 처리해야 하는 정보의 양이 과거보다 더 많아졌습니다. 자신이 하나의 일을 해내는데 관여하는 사람의 수도, 지시하는 사람의 수도 많아졌습니다.

이로 인해 계속해서 자존감이 훼손되고 있으니 자존감을 높이고 싶다는 욕망은 커지는데, 이 와중에 잘못된 가짜 자존감이 끼어듭니다. 자존감을 높이고 싶어서 하는 일들이 사실은 계속해서 우리를 낮은 자존감의 상태에 머무르게 하거나 혹은 가짜 자존감에 집착하게 만드는 일인 경우가 생깁니다. 제가 환자들에게 하는 상담 내용의 대부분이 결국 이를 구분하는 일이기도 합니다. 그렇다면 도대체 무엇이 가짜 자존감일까요. 우리가 진짜 자존감을 높이기 위해서는 어떻게 해야 할까요. 이에 대한 답을 찾아가 보겠습니다.

나를 흔드는 가짜 자존감,
나를 지키는 진짜 자존감

나는 그늘이 없는 사람을 사랑하지 않는다.
나는 그늘을 사랑하지 않는 사람을 사랑하지 않는다.

_ 정호승, 「내가 사랑하는 사람」 중에서

남들 앞에 자신감 넘치고 싶어요
| 자만심 vs 자기 가치 |

한국에는 최근 몇 년 사이에 자존감 열풍이 불고 있지만, 미국에서는 이미 1980년대부터 자존감 열풍이 일어났습니다. 당시 캘리포니아주는 '자존감 향상을 위한 주 특별 대책본부'를 만들어 주 정부 차원에서 3년이라는 시간과 73만 5천 달러라는 막대한 예산을 투자했습니다. 캘리포니아주만이 아니라 미국 전역의 학교에서 '자존감 향상을 위한 모임'이 만들어지고, 이와 관련된 여러 집단 프로그램과 심리 치료도 널리 실시되었습니다.

당시 개인주의적이고 자유분방한 미국 사회의 분위기와 맞물려 자존감의 중요성이 부상했습니다. 재미있는 사실은 이런 자존감 열풍이 당시 보수적인 기독교의 극심한 비판을 받았다는 것입니다. 자존감은 인간의 개별성과 자유 의지를 중요하게 여기니, 절대적인 존재인 신을 믿는 종교와는 대립하는 면이 있습니다.

이렇게 자존감을 키우기 위해 국가와 학교 차원에서 실시한 여러 제도와 장치들은 과연 사람들의 자존감을 높여주었을까요. 1990년 2월 5일 미국 《타임》에 실린 기사를 한번 살펴볼까요.

작년에 여섯 나라의 13세 학생들을 대상으로 표준화된 수학 시험을 실시했다. 한국 학생들의 성적이 가장 좋았고, 미국 학생들은 스페인, 아일랜드, 캐나다의 뒤에 있었으며 최하위였다. 나쁜 소식은 이제부터다. 삼각형과 방정식 문제 옆에 "나는 수학을 잘한다"라는 문장이 함께 제시되었다. 이 문장에 "그렇다"고 답한 학생은 미국이 가장 많아서 68퍼센트라는 인상적인 수치를 보였다. 미국 학생들은 자신의 수학 실력을 잘 모르는 것 같다. 하지만 그들은 최근 유행하는 자존감 교육 과정, 즉 자기 자신에 만족하도록 가르치는 교육은 확실히 받아들인 듯하다.

한국 학생들처럼 실제 수학 실력이 높음에도 치열한 입시 경쟁

때문에 '나는 수포자야'라고 생각하는 것도 문제일 겁니다. 그리고 교육적 효과를 생각하면 '내가 잘한다'고 생각하는 게 학생들에게 더 낫지 않냐고 생각할 수 있습니다. 많은 교육이 어린아이에게 자신감을 고취할 필요성을 강조합니다. 아직 경험치가 낮은 어린아이들에게 새로운 일에 도전하는 마음을 갖게 하는 측면이 있기 때문입니다.

그러나 객관성을 무시한 과도한 칭찬하기는 반드시 대가를 치르게 됩니다. 미국에서 강조한 자존감 향상 교육은 학생들에게 객관성을 무시한 과도한 칭찬하기 방식이었다고 할 수 있습니다. 거울에게 "항상 당신이 최고 예쁘다"라고 듣던 백설공주의 계모가 자기보다 더 예쁜 백설공주를 발견했을 때 엄청난 질투심에 사로잡히는 부작용이 있는 겁니다. 자존감을 키운다는 게 각 1인에게 1거울을 주는 시스템을 도입했다고 할까요. 이렇게 되면 진정한 자존감이 아닌 자기기만에 기초한 과도한 자신감 내지 자만심을 심어주게 되는 것입니다.

중국에서 몇 년 전에 유행한 '상식 교육'이 있습니다. 이 교육도 캘리포니아주에서 실시한 교육과 비슷합니다. 부모와 교사가 아이들에게 언제나 "네가 최고야"라고 말하게 하는 것입니다. 자신감 넘치는 사람으로 성장하게 하려는 취지라는 것이지요.

'자신감을 가지면 다 할 수 있다'고 믿으면서 자기를 객관화하지 못하면, 자기가 잘하기 어려운 일에 집착하는 경우가 생길 수도 있습니다. 예를 들어, 어떤 사람은 새로운 아이디어는 잘 내지 못해도, 꼼꼼하게 자료를 만드는 일을 잘합니다. 그런데 그 사실을 모르고 자신감에 넘쳐 새로운 아이디어를 내는 일만 하려고 하는 경우가 생기는 겁니다.

자신감으로 인해 지나친 확신을 갖고 자기주장을 밀어붙이는 부작용도 생깁니다. 자신에 대한 자신감과 이런 자신감이 가져다주었던 과거의 성공으로 인해 과도한 자만심을 갖게 된 사람들이 이 경우입니다. 과도한 자만심으로 회사 전체를 위기로 이끌어가는 CEO들이 대표적인 예입니다.

오늘날 우리 사회는 손상된 자존감의 회복에 주로 중점을 두고 있습니다. '너는 이런 점이 부족해'라며 끊임없이 비교하는 가족, 학교, 사회 속에서 낮아진 자존감을 올리는 일에 주목해왔습니다. 그러다 보니 '과도한 자신감'을 가진 이들에게서 손상되지 않은 자존감 모델을 찾는 경우가 많습니다. 그러나 과도한 자신감을 유지하기 위해 오히려 자신을 망가트리는 이들도 많습니다.

제가 본 환자 중에 헬스 트레이너가 있었습니다. 자신의 미모에 대한 자신감도, 실력에 대한 자신감도 매우 높았습니다. 이분 인생의 목표는 재산이 매우 많은 남자와 결혼하는 것이었습니다. 이분은 충분히 아름다운데도 불구하고 끊임없이 성형외과를 드나드는 문제가 있었습니다. 그 외에 고객의 작은 컴플레인에도 과도하게 기분 나빠하며, 무엇보다 동료들과 잘 지내지 못했습니다. 자기애성 인격장애(narcissistic personality disorder)가 의심되는 사람이었습니다. 과거를 살펴보니 경제적으로 힘들게 살아왔던 시기가 있었습니다. 본인의 어려웠던 가정형편이 너무 싫고, 이것을 자신의 약점이라고 생각하고 있었습니다. 과거와 현재를 구분하지 못하는 데다, 오늘날 자신의 자신감을 채워주는 요소에 과도하게 집착하고 있었습니다. 그러니 본인보다 더 예쁘거나 집안이 좋은 헬스 트레이너를 보면 질투가 나서 미칠 지경이 되는 것입니다.

잘나가는 사람이 자존감이 낮은 경우가 있다고 하면 안 믿기겠지만, 실제로 꽤 많습니다. 방금 전까지 극심한 감정 기복을 호소하던 사람이, 갑자기 자기가 얼마나 대단한 사람인지를 설명하는 경우를 숱하게 보아왔습니다. 이런 사람들의 특징은 모든 인간관계를 비교하고 경쟁하면서 줄 세우기를 한다는 것입니다. 누군가를 만날 때에도 자동적으로 나보다 나은지 못한지를 빠르게 평가합니다. 나보다 못한 경우에는 설령 겉으로 드러내지 않더라도 상대를 무시하고, 나보다 나을 때에는 부러움과 동시에 열등감을 느낍니다. 즉, 자신감이 자신의 내면을 향하는 게 아니라, 남들에게 보이는 방향에 집중하면 문제가 생깁니다.

특히 비교의 대상이 되지 말아야 할 사람들, 자신이 애정을 갖고 가깝게 만나는 사람들까지 이렇게 대하는 경우도 있습니다. 예를 들어 남자친구에게도 이와 같은 감정을 느끼는 이들이 있습니다. 나의 외적인 스펙과 남자친구의 외적인 스펙을 비교해 무조건 나보다 나은 사람을 만나야 하는 사람이 있습니다. 그래야 자신의 자만심이 높아지기 때문입니다.

혹은 남자친구가 자기보다 더 '나아 보이는 것'을 못 견디기도 합니다. 남자친구가 옳은 말을 하거나 자기보다 더 좋은 조건의 회사에 들어가게 되면 자존심이 다칩니다. 이런 경우도 그 심리적 밑바탕은 같습니다. 자신과 남자친구를 비교하기 때문에 생기는 일입니다. 나의 남편과 내 친구 남편을 비교해보고, 자신이 우위에 있다고 생각하는 친구 관계만 유지하는 이들도 있습니다. 이런 사람들은 자신의 아이와 친구의 아이도 끊임없이 비교합니다.

이렇게 항상 '내가 뭔가 더 낫다'라는 것을 확인받고 싶어 하는 사람들의 특징은 자신이 갖고 있는 작은 외부적 조건에도 과도한 의미를 부여하는 것입니다. 나이가 같은 직장 동료 사이에서도 누가 몇 달 더 먼저 입사했는지를 따지는 식입니다.

자동화된 비교 시스템 위에 올려진 자만심을 자존감으로 착각하는 것입니다. 이 사람들은 자신이 타인을 그리 대하는 것이 자동 탑재되어 있으니, 주변 사람들도 나처럼 사람을 대할 때 비교와 경쟁이라는 기준으로 대할 것이라고 생각합니다.

이런 사람은 회사에서 인정받을 확률이 높습니다. 비교와 경쟁으로 확인되는 자만심이 곧 자존감이라고 생각하면, 그 가짜 자존감을 유지하기 위해서 외적으로 매우 노력하기 때문입니다. 겉으로 볼 때는 자신감이 넘치고 당당해 보이는 경우가 많습니다. 그러나 아무리 노력을 하더라도 세상이라는 곳은 나보다 잘난 사람이 어디선가 튀어나올 수밖에 없습니다. 그런 사람을 만나게 되면 열등감의 바다에 빠져 허우적거리게 됩니다. 인생이 행복할리 없습니다. 항상 긴장 상태에 있습니다.

"사촌이 땅을 사면 배가 아프다"라는 말이 있습니다. 자존감이 높은 사람들은 사촌이 땅을 사면 진심으로 축하를 합니다. 친구의 딸이 서울대에 입학하면 진심으로 축하를 합니다. 타인의 성공을 축하하는 일과 내가 성공하지 못한 것은 아무 관계가 없다는 것을 알기 때문입니다.

자만심을 자존감으로 착각하는 사람들은 전혀 관계가 없는 요소들도 끊임없이 비교와 경쟁이라는 관계를 만들어 이해하려고 합니다. 반대로 자만심은 없지만 자존감이 높은 이들은, 자기 인생에서 남과의 비교를 통해 의미를 갖는 일을 최대한 적게 가지고 있습니다.

그래도 '어느 정도의 자만심은 낮아진 자존감을 높이는 데 얼마간 도움이 되지 않을까?'라고 생각할 수 있습니다. 도움이 된다고 이야기하는 심리서도 꽤 있습니다. 그러나 그렇지 않습니다. 이렇게 바꾸어 말하면 간단합니다. 자존감이 높은 사람들은 기본적으로 겸손합니다. 그리고 오로지 자기 자신에게만 집중합니다.

'포기하지 않고 계속 도전하는 능력'을 말하는 그릿(GRIT)이라는 개념도 '자신감'과는 다릅니다. 9회 말 만루 상황에서도 침착하게 공을 던지는 투수는 엄청난 자기 조절력을 발휘합니다. 좌절하지도 않지만 자만하지도 않습니다. 오로지 스트라이크를 던지는 데 집중합니다.

　자신감과 자존감, 이 둘은 화성과 금성만큼이나 차이가 나는 개념입니다. 사람들은 자신감이 넘치는 사람을 부러워할 수는 있어도 존경하지는 않습니다. 하지만 자존감이 높아 보이는 사람들은 인정하고 존중하고 존경합니다.

　기본적으로 자신감은 어떤 일을 할 때 잘해낼 수 있다는 단타적이고 좁은 의미의 개념입니다. 예를 들어 내가 자동차 타이어 수리 전문점을 운영하는데, 자동차 타이어에 대한 우리나라 대한민국 최고라는 자신감은 있습니다. 게다가 사업이 잘되어 타이어 수리 전문점을 세 개나 운영해서 돈은 벌만큼 번 부자이기도 합니다. 가족들에게도 돈 잘 버는 유세를 하면서 온갖 거드름을 떨 수 있습니다. 그런데 고등학교만 졸업한 것에 대한 콤플렉스는 없어지지 않습니다. 가방끈이 긴 사람들을 보면 이상하게 내 자신이 초라해 보입니다. 그래서 자녀들을 좋은 대학에 보내기 위해 온갖 방법으로 닦달을 합니다. 자녀의 배우자감을 고르는 기준도 무조건 학벌입니다.

　왜 이럴까요. 너새니얼이 말한 '자기 가치'와 '자기 능력'이라는 자존감의 두 가지 요소 중에서 자신감은 자기 능력이라는 요소를 일부 충족했다고는 할 수 있습니다. 그러나 자신감이 있다고 하여 '나는 사랑받고 존중받을 만한 사람이다'라는 자기 가치를 가지고 있는지는 알 수 없는 일입니다. 게다가 자기 능력이라는 것도 꼭 직업에서의 성취, 물질적 성공을 의미하지 않습니다. 앞에서 예를 든 자동차 타이어 전문점 주인의 경우처럼, 사업은 잘되지만 친구들과 잘 못 지낸다거나, 가정을 화목하게 꾸리고 있지 못하면 자기 능력이 떨어진다고 느낄 수 있습니다.

내 주변에 어떤 사람들이 있느냐에 따라
자존감이 결정되는 사람도 있다.
인생에서 남과의 비교를 통해 의미를 갖는 일을
최대한 적게 가져야 한다.

어떤 실패도 하고 싶지 않아요

자존감이 높은 사람들을 부러워하는 이들이 갖고 있는 편견 중 하나는 자존감이 높은 사람들은 실패를 안 해봤을 거라는 겁니다. 그렇지 않습니다. 실패 자체는 자존감을 낮추는 요소가 아닙니다. 자존감이 높은 이들은 실패를 하지 않는 게 아니라, 실패라는 부정적 경험을 그대로 쌓아두지 않는다고 할 수 있습니다. 그리고 언젠가 그 실패를 극복한 긍정적인 경험으로 자신의 내면을 채웁니다. 실패를 하더라도 내 인생이 지하로 곤두박질치지 않는다는 것을 스스로에게 알려주려고 노력합니다. 실수도 실패도 해도 됩니다. 좌절하지 않고 그다음 과정으로 나아갈 수 있느냐 없느냐가 중요합니다.

그렇기 때문에 자존감이 높은 이들은 과거의 실수나 실패를 무작정 잊으려고 하는 게 아니라, 긍정적으로 복기하려고 합니다. 20대에 겪었던 어떤 실패를 30대, 40대, 50대가 되어가는 과정에서 재정의합니다. 왜냐하면 점점 더 자존감이 높아지면서, 자신의 과거를 객관화해서 이해하는 능력이 커지기 때문입니다.

그래서 사회적으로 존경받는 사람들이 실패의 중요성을 이야기하는 것입니다. "잘하든 못하든 네가 한번 해봐"라는 말을 할 줄 아는 팀장과 "회사 일이니까 절대로 실패하면 안 돼"라고 하는 팀장의 차이가 어디에서 오는지 생각해볼 문제입니다.

반대로 자존감이 낮은 사람들은 자신의 자존감이 낮은 이유가 과거의 실패 때문이라고 생각합니다. 실수=실패=성공의 장애물이라는 공식 아래 실패를 멀리하고 실패를 하지 않기 위해 민감한 화재경보기를 작동시키고 삽니다. 실패하지 않으려 하기 때문에, 만약 실패하게 되면 과도한 패배주의에 젖을 확률이 높아집니다.

예를 들어 첫사랑에 실패하여 상처를 받았다고 합시다. 때문에 다음 연애를 할 때 실패해서는 안 된다는 생각에 과도하게 사로잡히면, 새롭게 시작한 관계를 망치게 됩니다. 자존감이 낮은 이들이 실패를 대하는 방식입니다. 첫사랑에 실패하면 처음 겪는 상실의 경험 때문에 인생이 무너지는 것 같고, 어떤 일도 손에 잡히지 않습니다. 그러나 또 다른 사랑이 찾아옵니다. 두 번째로 실연을 하게 될 수도 있습니다. 그러나 언젠가 이 아픔도 지나갈 것이라는 생각이 듭니다. 또 다른 시작이 가능하다는 사실도 알고 있습니다.

실패의 경험을 통해서 나와 잘 맞는 상대를 선택하는 안목이 길러질 수 있습니다. 때로 마음이 가는 상대가 생겨도, 이 사람과의 연애에서 오게 될 장점과 단점을 짐작하고, 자신의 감정을 콘트롤 하는 능력도 가지게 됩니다. 만약 좋아하는 사람이 생겼는데, 이 사람과의 연애에서 넘어야 할 장애물이 예상된다면, 그 장애물을 극복하기 위해 무엇을 준비해야 하는지 생각하게 됩니다. 이처럼 거듭되는 실패를 통해서 얻어진 능력에 대해 집중하게 되면, 자존감이 높아집니다.

실패는 내 삶의 주인공이 되기 위해 꼭 거쳐야 하는 과정입니다. 그건 편의점 아르바이트생이든 종합병원 의사든 마찬가지입니다. 자신의 삶에 대한 향상심을 느끼기 위해서는 실패로 인해 무언가를 깨닫는 느낌이 꼭 필요합니다. 문제를 틀리지 않으면 자기가 무엇을 모르는지 모르는 것과 똑같습니다.

전문가와 비전문가의 차이가 무엇일까요. 일을 누가 더 잘하느냐가 아니라, 의외로 문제가 생겼을 때 제대로 해결할 수 있느냐 없느냐에서 그 차이가 나옵니다. 그런 점에서 자존감이 높아진다는 것은 실패 앞에 받는 충격의 정도가 줄어든다는 말이기도 합니다. 실패의 횟수가 많다는 것은 경험의 콘텐츠가 많다는 뜻이기도 합니다.

자존감이 낮은 사람들은 실패가 두려워 뭔가를 시작조차 안 해보는 경우가 많습니다. 어떤 일을 시작할 때 실패할 이유가 무수히 자동적으로 떠오릅니다. 그 일을 하게 되어도 실패를 안 하기 위한 방향으로만 일합니다. 자존감 높은 사람들이 실패를 안 하기 위해서가 아닌, 최상의 결과를 내기 위해서 일하는 것과는 대조적입니다.

자존감이 낮은 사람들이 실패에 대한 두려움과 불안에 저항하며 부정적인 에너지를 쓰는 것에 반해, 자존감 높은 사람은 도전하고 해결하는 긍정적인 에너지를 쓰면서 일합니다. 그래서 같은 일을 하더라도 자존감이 낮은 사람은 빨리 지칩니다. 너무 예민한 화재경보등이 위험을 피하기 위해 과도하게 작동하기 때문입니다. 이들에게 새로운 시도라는 건 나를 피곤하게 할 뿐입니다. 그러다 보니 어지간하면 새로운 시도를 잘 안 하게 됩니다. 그래야 실패를 덜 할 테니 말입니다. 결론은 그래서 역시 경험의 콘텐츠가 빈약해진다는 것입니다. 똑같이 '이불 밖이 위험해'라고 생각해도, '그래도 또 이불 밖에 나가야지'라는 자세와 '그러니 절대 나가면 안 돼'라는 자세는 매우 다른 결과를 만듭니다.

만약 실패도 안 해보고, 경험의 콘텐츠도 많지 않은 사람이 자존감이 높다면 그건 아마도 선천적인 기질과 매우 관련이 높을 겁니다. 그러나 태어날 때부터 자존감이 높은 사람은 별로 없습니다. 높은 자존감을 얻으려면 비용을 치러야 합니다. 어른이 된다는 건 인생에 공짜란 없다라는 걸 깨닫게 되는 일입니다. 거저 주어진 것은 나중에라도 꼭 대가를 치르게 되어 있습니다. 높은 자존감을 갖게 되는 비용이 바로 실패입니다.

한때 유행하던 말 중에 '지랄 총량의 법칙'이라는 게 있었습니다. 사람이 살면서 떨어야 하는 '지랄'의 총량이 정해져 있다는 겁니다. 실패로 인해 우리가 겪어야 하는 지랄의 총량이 있다면, 이왕이면 빨리 겪는 게 훨씬 낫지 않을까. 이렇게 생각하는 것이 자존감이 높은 이들이 생각하는 방식입니다.

여기에서 한 가지 주의할 점이 있습니다. 같은 실패를 계속하는 것을 심리학적 용어로 반복 강박(repetition compulsion)이라고 부릅니다. 예를 들면 자신과 맞지 않는 상대와 계속 행복하지 않은 연애를 반복하는 것이 이 경우입니다. 이와 같은 실패는 자존 감이 낮기 때문에 발생하는 패턴입니다. 자존감이 낮기 때문에 자신에게 도움이 되지 않는 관계로부터 거리를 두지 못하는 것입니다. 그리하여 다시 실패합니다. 악순환의 고리가 형성되는 것이지요. 이런 병적인 관계 패턴을 '원래 연애라는 게 다 이런 거야' '남자들은 다 나쁜 놈인 거야'라고 생각하면 안 됩니다. 자신이 특수한 상태에 있다는 것을 빨리 깨달아야 합니다.

물론 실패를 겪으면 자존감이 떨어집니다. 이때 자존감이 덜 훼손되는 방법이 있습니다. 어떤 선택이나 도전을 할 때 최대와 최소, 최고와 최하를 한번 가정해보는 것입니다. 맥시멈과 미니멈, 하이엔드와 로엔드, 베스트와 워스트를 가정해보는 겁니다. 예를 들어 내가 회사를 그만두고 카페를 연다고 생각해봅시다. 만약 잘되면 나만의 카페를 운영하면서 평생직장을 운영할 수 있습니다. 그러나 만약 1년 안에 원하는 만큼의 손님이 오지 않는다면, 카페 인테리어와 각종 비용, 가게 보증금까지 합쳐 약 1억 원

정도의 손해가 날 수 있습니다. 여기에 내가 직장을 다닐 때 얻을 수 있는 경제적 수입까지 더하면 약 1억 5천만 원 정도의 손해가 날 겁니다. 겁먹지 말고 이 최하의 결과를 감당할 수 있는가를 자신에게 물어봐야 합니다.

만약 실제로 이런 최하의 결과를 얻게 되는 상황이 벌어지면, 그 와중에도 내가 남긴 게 뭔지를 빨리 생각해야 합니다. 실패도 반드시 뭔가를 남깁니다. 하다못해 '나는 이런저런 이유로 장사를 하면 안 되는구나'라는 깨달음이라도 남습니다. 그것을 생각해보는 것입니다.

환자들과 상담을 하다 보면 처음에는 천당과 지옥, 두 가지 결과 외에 없을 것 같은 일도 그 중간 어디쯤에 있는 일임을 스스로 알게 됩니다. 최악의 결과에도 플러스가 되는 일이 있다는 사실을 깨닫게 됩니다. 물론 우물쭈물하던 일이 '절대 해서는 안 되는 일'이라는 명백한 결과에 도달하는 경우도 많습니다.

즉, 어떤 일을 실패와 성공이라는 하나의 축으로만 보지 말고, 플러스와 마이너스라는 한 가지 축을 더해서 보면, 1차원적인 사고에서 적어도 2차원적인 사고로 진화할 수 있습니다. 어떤 실패를 부정적인 경험으로 의미화할 것인지, 긍정적인 경험으로 의미화할 것인지 이분법으로 생각하지 말고, 자신이 어떤 일을 보다 다각도에서 볼 수 있다는 점을 깨닫는 것만으로도 자존감은 높아집니다.

전 더 칭찬받아야 마땅하다고 생각해요

| 인정받기 vs 기뻐하기 |

자존감과 관련된 또 다른 오해는 이것이 인정, 칭찬과 관련이 있다고 여기는 것입니다. 물론 성장 과정에서 부모에게 칭찬받고 인정받으며 자라온 이들의 자존감은 당연히 높을 것입니다. 하지만 동시에 자존감이 높은 이들은 부모로부터 합리적인 비판과 규율도 경험했다는 특징도 있습니다. 우리는 후자의 사실에는 잘 집중하지 않습니다. 사실 부모의 인정과 칭찬 혹은 비판과 규율보다는, 부모가 한 사람의 인간으로서 아이에게 어떤 존재로 비치느냐가 아이의 자존감에 훨씬 큰 영향을 미칩니다.

외래에 함께 오는 부모와 자녀를 보면, 서로 갈등이 있는 경우도 있지만 사실은 비슷한 인격과 태도를 가진 경우가 많습니다.

아이를 통제하고 싶어 하는 부모 밑에서 큰 자녀는, 자신도 타인에 대해서 통제력을 발휘하고 싶어 하는 욕망에 사로잡힙니다. 타인에게 영향력을 미치는 방식이 그런 것이라고 각인된 셈이지요.

그렇다면 가정, 학교, 직장에서 인정과 칭찬을 받은 사람은 자신도 남들을 인정하고 칭찬하게 되지 않을까요? 여기서 중요한 것은 인정과 칭찬은 기본적으로 타인에게 받는 대가, 리워드라는 점입니다.

냉정하게 이야기하면 인정과 칭찬은 오히려 자존감과 거리가 먼 요소입니다. 인간이 가진 중요한 욕구 중의 하나가 인정의 욕구인데, 그것이 자존감과 관련이 없다고 말하니 의아합니다. 이유는 간단합니다. 자존감의 기준은 자신의 내부에 있습니다. 인정과 칭찬의 기준은 자신의 외부에 있습니다. 때문에 인정과 칭찬에 중독되면 쉽게 가짜 자존감이 됩니다.

유치원에 다니는 아이들이 무슨 일을 해놓고서 엄마에게 칭찬을 바라는 행동이 쉽게 목격됩니다. 아이들은 이러는 이유는 자신의 생존을 비롯한 모든 것이 엄마와 연결되어 있기 때문입니다. 자신의 기본적인 생존마저 부모라는 외부에 의해 좌우되는 상황인 것입니다. 때문에 좋은 부모는 칭찬과 인정을 아이를 통제하는 수단으로 쓰지 않습니다. 좋은 부모는 자녀의 성장기에 맞추어 스스로 결정할 수 있는 일의 범위를 넓혀갑니다. 그래야 아이의 자존감이 커지기 때문입니다.

우리는 어른들에게서도 유치원 아이와 같은 모습을 발견할 수 있습니다. 꼭 보고할 이유가 없는 일도 휴가 중인 사장에게 문자를 보내 '이런저런 일을 해냈다'고 보고하는 팀장이 있습니다. 자신의 생존권을 갖고 있다고 생각하는 이에게서 칭찬받기를 원하는 마음이 있는 것이지요. 그런 팀장일수록 팀원들에게 권위적인 사람일 확률이 높습니다. 자기가 그러하듯이 팀원들이 잘했는지 못했는지는 상사인 '자신의 판단'에 달려있는 것이라고 생각하기 때문입니다. 이런 이들은 팀원들에게도 칭찬을 갈구하는 마음을 갖고 있습니다. 이런 팀장이 많은 조직이 좋은 조직이 될 리 없습니다. 때문에 좋은 리더는 성과에 대한 칭찬을 위에서 아래로 내리는 것이 아니라, 조직 전체가 함께 기뻐하는 일로 바꿉니다. 그럼으로써 팀원이 이 일의 성과를 온전히 자기의 것으로 받아들이게 합니다.

요즘 20대에게는 일단 무조건 칭찬해야 한다는 말이 있습니다. 일단 '잘했다'라고 먼저 이야기해야, 지적할 것도 받아들인다는 것입니다. 세밀화된 평가 시스템 아래에서 수없이 많은 항목으로 평가를 받아온 세대가 갖게 된 특징일 것입니다. 사실 개인의 자존감은 사회의 자존감과 밀접한 관련이 있습니다. 이런 시대이기 때문에 칭찬과 인정에 다들 목말라하지만, 자신의 삶을 주도적으로 살아가고 싶다면 스스로 이런 욕망과 거리 두는 법을 익혀야 합니다.

인정받고 싶고, 칭찬받고 싶어 하는 욕망이 삶의 에너지가 될 때가 있습니다. 그런 욕망이 일시적으로 '기쁨을 크게 느끼고 싶은 욕망'일 때는 괜찮습니다. 하지만 인정과 칭찬 자체가 목적이 되면, 계속 타인에게 매이는 구조 속으로 들어가는 것입니다. 인정과 칭찬을 받는 일에 성공하면 자신감은 늘겠지만, 자존감이 늘지는 않습니다. 앞에서 자신감과 자존감이 동의어가 아니라고 한 것은 바로 이 때문입니다.

아들러 심리학을 다룬 책『미움받을 용기』에서 "자유란 타인에게 미움을 받는 것이다"라고 말한 것도 이 맥락입니다. 그 말은 '내가 옳으니 남들로부터 미움받을 것을 두려워하지 말라'는 말이 아닙니다. 인정받고 싶은 욕구 때문에 누구로부터도 미움받지 않으려고 하면, 자신의 자율성을 잃어버린다는 이야기입니다. 그렇게 자기 자율성이 없는 사람은 타인에게 휘둘리게 됩니다.

우리가 타인에게 행하는 선의의 행동도 마찬가지입니다. 내가 어떤 일을 해서 가족에게 회사에게 혹은 사회에 도움이 되었다는 뿌듯함을 느낄 때가 있습니다. 이런 경험은 자존감을 형성하는 데 도움이 되지만, 여기에 다른 사람들이 인정해주기를 바라는 마음이 들어 있다면, 그 뿌듯함의 진짜 의미는 사라집니다.

환자분들과 이야기를 나누다 보면 저에게 칭찬을 원할 때가 있습니다. 이럴 때 저는 칭찬해주지 않습니다. 칭찬에는 평가가 들어가 있고, 저는 평가하는 사람이 아니기 때문입니다. 그 대신 진심으로 같이 기뻐합니다. "이번에 시험에 합격했어요" "자격증을 땄어요"라고 말하는 환자들에게는 "너무 좋으시겠습니다" "정말 기쁜 일이네요. 축하드립니다"라고 말하는 것입니다. '잘했습니다' '고생했습니다'라는 평가의 의미를 담은 말을 쓰지 않습니다.

평가는 기본적으로는 사람을 '과거'에 묶이게 합니다. 저는 환자들의 과거, 현재, 미래를 모두 마주하지만, 저의 할일은 그들이 과거에 지배당하지 않도록 하는 것입니다. 과거는 좋은 것이든 나쁜 것이든, 사실 우리 삶에 큰 의미가 없습니다. 대신 함께 기뻐하는 일은 오늘을 충분히 즐기게 하는 역할을 합니다.

많은 이들이 이렇게 '함께 기뻐해주기'와 같은 사소한 긍정적 선의를 자주 느끼지 못합니다. 자존감이 떨어지는 환자들은 커다란 문제가 있어서라기보다는 의외로 사소한 선의의 체험이 부족한 경우가 많습니다.

"이번에 음원 사이트에 제가 작곡한 곡을 올렸어요. 가수를 섭외하고 음원 공급 대행사를 만나고, 심의를 통과하고, 정말 몇 달이나 걸렸어요. 그리고 엄마 이메일로 보냈는데, 열어보지도 않으셨어요."

환자의 이 말에는 자랑하고 싶은 마음과 부모와의 잘못된 관계 문제가 뒤섞여 있습니다. 이 말을 들으면 가슴이 너무 아픕니다. 이메일을 열어보지도 않는 엄마 대신 엄청난 칭찬을 해주고 싶습니다. 그러나 이때도 칭찬해주지 않습니다. 대신 열심히 축하해줍니다. 그렇게 해야 부모로부터 분리되고 독립된 자아도 생기고, 동시에 일에 대한 성취로 인한 자존감은 높아지기 때문입니다. 그리고 그런 축하만으로도 많은 긍정적 효과가 발생합니다.

이처럼 '자신의 존재 가치'에 대한 선의의 경험은 부족한데, 잘못된 칭찬과 부추김에 지속적으로 노출되면 원치 않게 타인에 의해 통제되는 삶을 살게 됩니다.

> "시어머니가 다이아몬드 반지를 사줬어요. 어려운 와중에도 남편에게 잘해서 사주는 거라고 하네요. 사실 아이 키우느라 다이아몬드 반지를 낄 시간도 없어요. 팔아서 오히려 다른 데 쓰고 싶은데 나중에 그 반지 어디에 있냐고 물어보실 것 같아 팔 수가 없어요."

중소기업을 운영하는 남편과 결혼해 갓 돌이 지난 아기를 키우는 이 전업주부는 사실 남편의 사업이 불안정해 생활비를 제때 받지 못한 적도 많았습니다. 경제적 불안정을 겪으면서 하루하루 살아가고 있는 것이죠. 이 와중에 시어머니가 다이아몬드 반지를 사준 겁니다. 이 시어머니가 정말 아들 내외에게 도움을 주고 싶었다면, 다이아몬드 반지를 사주지는 않았을 겁니다. 이분의 경우 며느리의 행동을 어떤 보상을 통해 통제하고 싶은 욕망이 앞선 것이지요. '앞으로 우리 아들에게 계속 잘해라'라는 요구가 숨어 있는 것입니다. 다행히 이분은 시어머니의 통제로부터 거리 두는 법을 알고 있었지만, 이런 통제를 목적으로 하는 보상에 자주 노출되는 일 자체가 자존감을 낮추게 합니다.

이런 시어머니와 유사한 이들이 있습니다. 만사를 자기 뜻대로 하려는 사람들이 있지요. 이런 유형의 사람을 '콘트롤 프릭(control freak)'이라고 합니다. 인정과 칭찬으로 움직여온 이들은 콘트롤 프릭의 대상이 되기 쉽습니다.

인정과 칭찬의 관계에 익숙한 이들은 수평적 관계를 도리어 불편해합니다. 반면 자존감이 높은 사람들은 누구와도 수평적 관계를 맺는 데 저항감이 덜합니다. 나보다 나이 어린 사람들이 자신을 친구처럼 대해도 그것을 무례하다고 느끼지 않고, 자존심 상해하지도 않습니다. 어떤 관계든 독립적인 '나'로 존재하는 연습이 되어 있기 때문입니다.

당한 만큼 갚아주고 싶어요

| 공격성 vs 자율성 |

자신이 자존감이 낮다고 말하는 환자들에게, 왜 그렇게 느끼느냐
고 물어봅니다. 그러면 다음과 같은 이야기가 나옵니다.

"공부 잘하고 사고 치는 아들이랑 공부는 못하지만 사고도 안
치는 아들 중에서 누가 더 좋냐고 물어봤더니, 저희 부모님은
공부 잘하고 사고 치는 아들이 더 좋다고 해요. 며칠 간격으로
세 번이나 물어봤는데도 그리 대답했어요."

"아버지가 저를 부를 때 학점으로 불러요. 3.7! 아직 안 일어나
고 뭐해? 전기기사 자격증은 언제 공부해서 언제 따려고 하는

데? 매일 아침 듣는 말이에요."

"조교 월급을 매번 상품권으로 받았어요. A백화점 13만 원, B 백화점 5만 원, C백화점 27만 원 하는 식으로 이것저것 섞어서 한 달에 50만 원 정도 받았어요. 석사까지 마치고 자괴감이 들어 박사는 안 했어요. 제 전공이 뭔지 아세요? 사회복지학이에요. 웃기지요?"

"정직원들이 하기 싫어하는 험한 일을 단기 알바들에게 시켜요. 새로 들어온 알바가 일을 잘 못하면 욕이 마구 날아와요. 제가 일머리가 좀 있어서 욕은 안 먹었는데요. 다른 알바생이 막말과 욕설을 듣는 것을 보고 스트레스를 받아서 관두었어요. 그 막말과 욕설이 내가 일을 실수하면 언제든지 나에게 향할 수 있다는 불안감이 스트레스였어요."

이런 사람들이 내 곁에 있는데 자존감이 훼손당하지 않을 수 없을 겁니다. 타인이 나의 자존감에 영향을 미칠까요? 네, 그렇습니다. 게다가 그 영향은 절대적이기도 합니다. 자존감과 관련된 책을 여러 권 읽고, 그 책에 나온 대로 나 자신의 장점과 단점을 써보고, 나 자신을 사랑해보기 위해 노력하고, 감정을 도닥거리며 괜한 죄책감과 열등감에서 벗어나려고 노력해봐도 자존감이 올라가지 않는 이유가 여기에 있습니다. 자존감을 훼손시키는 관계가 변화하지 않기 때문입니다. 그런데 이렇게 묻는 이들도 많습니다.

"저는 엄마에게서 받은 트라우마로 열등감이 생겼어요. 이제는 제 잘못이 아닌 걸 알아요. 지금은 엄마와 같이 살지도 않는데, 여전히 자존감이 바닥이에요."

이런 경우는 어떻게 된 것일까요. 이 경우는 앞에서 말한 TCI 검사 항목 중 자율성의 문제로 접근해야 해결의 실마리가 보입니다. 즉, 엄마와의 물리적 거리는 두었지만 자율성, 자기주도성, 성취의 경험 등이 아직 축적되지 못했기 때문에, 엄마와 함께할 때의 행동 패턴이 그대로 반복되는 것입니다.

엄마 대신 다른 사람에게 물어보기, '나는 안될 거야'라는 마음가짐으로 지레 겁먹고 포기하기, 타인에게 정당한 자기주장 못하기 등이 반복되는 것입니다. 물리적 거리 두기는 출발점에 불과합니다. 자율성을 높이는 단계가 진행되어야 합니다. 자율성이 높아지면 우선 엄마가 감정적으로 무섭지 않습니다. 지도교수가 무섭지 않습니다. 예전에는 직장 상사가 말도 안 되는 꼬투리를 잡으면 불안하고 무서웠는데, 자율성이 높아지면 쉽게 말해 그 꼬투리가 우스워집니다.

저는 매우 내향적인 사람이고, 자존감이 낮은 사람이었습니다. 그런 제가 변화하게 된 계기 중의 하나는 자존감이 높은 사람을 유심히 관찰하면서였습니다. 그리고 질문도 많이 했습니다. 구체적인 질문은 경우마다 달랐겠지만, 요약한다면 '어떻게 자신의 자존감을 높이게 되었느냐?'라는 질문이었습니다.

원래는 자신도 자존감이 낮았는데 지금은 높아졌다는 사람들의 답변을 듣다 보면, 몇 가지 공통점이 있었습니다. 첫째는 어떤 분야에서든 스스로의 힘으로 이룬 성취의 경험이 있으며, 이로 인해 삶을 스스로 통제할 수 있음을 알게 되었다는 것입니다. 둘째는 항상 향후 미래의 계획이나 목표를 생각하는데, 그 계획과 목표 안에는 단기적이고 구체적인 것만 있는 게 아니라, 자기 가치의 본질에 대한 목표도 갖고 있다는 것입니다. 자기 삶의 목적,

자기 삶의 의미 등을 추구하고 사는 이들이었습니다. 마지막으로 '좋은 사람'을 만나 긍정적인 대인관계를 경험하면서 자존감이 높아졌다는 공통점이 있었습니다. 좋은 연인, 좋은 배우자, 혹은 주변의 지인 중에 자신의 성취를 이끌고 지원해주는 사람을 만난 경험을 다들 이야기했습니다.

그렇다면 자신의 자존감을 훼손시키는 관계는 없었던 걸까요? 물론 이들에게도 과거에 자신의 자존감을 훼손시키는 인간관계가 있었습니다. 중요한 것은 그 인간관계에 대한 그들의 반응이었습니다. "그랬던 적이 있었죠" 그러니까 'So, What?'과 같은 쿨한 반응을 보였습니다.

"우리 어머니가 저에게 그런 상처를 많이 줬죠. 지금 어머니와 만나냐고요? 당연히 가족이니까 만나죠. 상관없어요. 어머니와 제 삶은 다른 문제니까요."

이런 태도에서 느껴지는 것은 나에게 상처를 주는 사람에게 복수를 했느냐 안 했느냐의 문제가 아니라, 상처를 준 사람과 심리적 분리를 했느냐 하지 못했느냐는 것입니다. 훼손된 자존감을 회복하려는 경향이 심리적 분리로 향하지 않으면, 타인에 대한 공격성으로 바뀌기도 합니다. 자신이 모욕당했다고 느끼면 잠을 못 이루고 반드시 되갚아주어야만 하는 이들이 있습니다. 자신이 부당한 일을 당했으면 왜 그것이 부당한 일인지 객관적으로 생각해보는 것과 자신이 부당한 일을 당했다는 그 감정에 몰두하는 것은 다른 차원의 일입니다. 감정에 몰두할수록 자신에게 상처를 준 사람과 심리적 분리가 안 되고, 자신이 받은 상처를 과장하여 인지하게 되는 오류가 일어나기도 합니다.

　한국 부모들의 '애 기죽이지 않기' 문제점도 이와 관련이 있습니다. 아이들의 개성과 자율성을 해치지 않겠다는 이유로 어떤 행동을 해도 '괜찮다'고 반응하는 부모들이 있습니다. '아이의 모든 행동은 존중받아야 한다'는 사고가 잘못 정착된 것이지요. 백설공주 계모의 거울 같은 역할을 부모가 하는 것입니다. 그런 부모 밑에서 성장하다 사회에 나가면 자신에 대해 부정적인 태도를 보이는 타인들을 마주하게 됩니다. 그 타인들이 나에게 보이는 태도가 어떤 객관적인 사실에 근거하고 있는지, 왜 이런 상황에 놓이게 되었는지를 생각하기보다는, 일단 부정적이라는 이유만으로 상처를 받고 그 상처에만 집중하게 됩니다.

자존감을 키우는 많은 조언들이 '나는 잘못이 없다. 나는 사랑받을 사람이다'라는 자기 암시를 강조합니다. 그와 같은 자기 암시를 왜 하는지, 그 목적부터 알아야 합니다. 이는 모든 일에서 잘잘못을 탓하는 오류에서 벗어나기 위함입니다. 내 탓, 네 탓을 판결하려는 것에서 벗어나기 위해서 이런 자기 암시를 하는 것입니다. 그리하여 타인으로부터 심리적 분리를 하고 자율성을 갖기 위한 것입니다.

그런데 잘못하여 이런 자기 암시를 타인에 대한 힘을 발휘하는 것으로 확인받으려는 경우를 종종 봅니다. 예를 들면, 과거에 나를 조절했던 엄마로부터 벗어나기 위해 성인이 된 내가 엄마를 조절하려는 것입니다. 엄마가 내가 원하지 않는 가치관을 강요했듯이, 나 또한 엄마에게 나의 가치관에 대한 동의를 받아내야 내가 존중받는다고 생각하는 것입니다. 이는 결국 엄마로부터 심리적 분리를 못 한 것입니다. 계속해서 엄마의 말과 행동에 신경을 쓰고 있는 것입니다. 그보다는 심리적 분리를 해야 합니다. 심리적 거리를 두고 자율성을 갖게 되면 상대를 객관적으로 볼 수 있는 능력도 커집니다. 예를 들어 '엄마가 그런 생각을 하게 된 계기가 무엇일까?'라고 생각하게 될 수도 있는 것입니다.

결국 나만 잘 살면 되는 거 아닌가요

| 의존의 관계 vs 분리의 관계 |

앞에서 살펴보았듯이 자존감이 높은 이들은 심리적 분리 능력이 강합니다. 이 심리적 분리를 잘하는 이들은 의외로 '나 중심적'이지 않습니다. 자존감은 자기를 존중하는 것이지 자기중심적으로 사고하는 것이 아닙니다.

자기중심적인 사고가 강한 이들은 다른 사람과의 관계를 모두 '이익적 관계'로 생각합니다. 나에게 도움이 되거나 혹은 나에게 피해를 주거나, 모든 인간관계가 이 두 개의 관계로 이루어져 있다고 생각합니다. "결국 나만 잘 살면 되는 거 아닌가요"라고 말하는 이들을 봅니다. 타인에게 휘둘리는 것에 질린 이들이 이렇게 말합니다. 더 이상 남의 눈치를 보면서 살지 않겠다는 선언인 것이지요. 그렇게 사는 것이 자존감을 높이는 일이라고 생각합니다.

그러나 내가 나를 존중하는 것의 의미를 잘 생각해봅시다. 자기만 생각하는 이기적인 사람에게 우리가 존중하는 마음을 가지지 않듯이, 그런 나를 가치 있게 여기게 되지는 않습니다. 자존감이 낮은 사람은 남이 잘못한 것도 자신을 탓합니다. 이기적인 사람은 자신이 잘못한 것을 남에게 돌리지요. 이런 이기적인 이들은 자기 책임을 모릅니다. 남들이 강요하는 책임감은 당연히 거부해야겠지만, 스스로 책임을 질 줄 아는 능력은 자존감에서 매우 중요한 능력입니다.

무엇보다 '나 혼자'인 상태가 심리적 분리는 아닙니다. 앞에서 살펴보았듯이 나에게 상처를 준 엄마와 물리적 거리를 두고, 엄마를 외면하는 것만으로는 자존감이 생겨나지 않습니다. 마찬가지로 '이기적인 삶'을 선택한다고 하여 자존감이 높아지는 것은 아닙니다. 이기적이라는 것 자체가 계속해서 타인을 염두에 두고 있고, 타인과 심리적 분리를 못 하고 있다는 증거이기 때문입니다.

심리적 분리가 필요한 것은 이기적으로 살기 위해서가 아니라, 자율적인 관계를 맺기 위한 것입니다. 나는 관계 속에서 살아갈 수밖에 없는 존재이고, 나 또한 누군가의 타인입니다. 자존감이 낮았다가 높아진 이들의 공통점에서 볼 수 있듯이, 타인과의 관계로 인해 낮아진 자존감은 또 다른 타인과의 관계 맺음을 통해서 올라갑니다. 그중 가장 좋은 관계는 '사심 없는 관계'입니다. 사심 없는 관계는 보상과 평가가 개입하지 않은, 선의의 경험을 말합니다. 이에 대해서는 뒤에서 자세히 이야기해보겠습니다.

  사실 어린 시절에 부모와의 관계에서 이런 선의의 관계를 경험해야 합니다. 부모와의 관계에서 이런 선의의 관계를 경험하지 못한다면, 이후 성장 과정에서 경험하는 다양한 관계에서 이런 선의를 경험해야 합니다. 많은 철학자들이 '우정'의 중요성을 말하는 것은 바로 이런 이유 때문입니다. 친구는 이유 없이 좋은 타인 중 한 명입니다. 특별한 이유 없이 나와 같이 기뻐하고 슬퍼합니다. 가족도 아닌, 내가 선택한 좋은 타인입니다. 오래된 친구인데 어느 순간 만나는 게 불편하다면, 그때는 앞에서 말한 것처럼 심리적 분리를 하면 됩니다. 그 또한 자기 의지로 대인관계를 맺고 끊을 수 있는 능력입니다.

  자기 의지로 대인관계를 맺고 그 관계가 긍정적으로 기능하게 되면 어떤 일이 생길까요. 가족같이 주어진 관계, 직장의 상사와 부하처럼 강제된 관계에 대해서도 자기주도성을 발휘할 수 있는 능력이 생깁니다. 그런 심리적 능력이 생길 때 나쁜 관계로부터 나를 분리하거나, 잘못된 관계를 재정립하는 일도 일어납니다. 자존감이 높아지는 것입니다.

때문에 인간관계로 인해 훼손된 자존감을 회복하려면, 자기 안으로 숨거나 그 인간관계를 거부하는 것에만 집중하는 것이 아니라, 다른 관계 속으로 들어가고, 다른 관계를 경험하는 것이 훨씬 더 중요합니다. 자신이 나서서 더 좋은 관계를 만들기 위해 노력해야 합니다.

오늘날 관계와 자존감의 문제는 더 중요해지고 있습니다. 우리가 과거에 생각하던 관계의 양상이 현대 사회에서는 더 복잡해졌기 때문입니다. 예를 들면 정신과에 오는 이들 중에 가벼운 관계사고(ideas of reference)를 겪는 이들이 많아졌습니다. 관계사고는 주로 심각한 우울증 환자가 겪는 여러 증상 중 하나입니다. 주변 사람들이 모여서 이야기를 나누면 '혹시 내 욕을 하는 거 아니야'라고 생각하는 증상을 말합니다. 심한 조현병 환자의 경우에는 이 관계사고와 함께 피해망상을 겪습니다. 피해망상은 악의성을 가지고 나를 해치려고 하는 사람이 있다는 망상입니다.

예전에 비해 오늘날에는 오프라인에서 만나는 사람과의 커뮤니

케이션 정도는 약화되고 도리어 온라인에서 접하는 소통은 늘어나면서, 이런 증상이 강화되는 경향이 있습니다. 피해망상의 사례만 봐도 쉽게 짐작됩니다. 과거 피해망상 환자들의 경우 안기부와 같은 국가정보기관에서 자신을 감시한다고 생각하는 등의 정치적 사례가 많았는데, 지금은 CCTV의 카메라를 통해, 인터넷을 통해, 누군가가 음모를 꾸미고 감시한다, 혹은 내 이야기가 인터넷에 퍼지고 있다, 커뮤니티에서 내가 왕따를 당하고 있다 등 디지털 문화와 관련된 내용이 많습니다. 의외로 많은 이들이 쉽게 이런 이야기들을 받아들입니다. 내가 들어가 있지 않은 온라인 단체 톡방에서 나에 대한 이야기를 할 것 같은 의심이 너무 쉽게 듭니다. 시대에 따라 망상의 내용도 변하고 있는 것입니다.

이런 증상이 너무 심해져서 정신과를 찾아오는 이들은 자아 강도(ego strength)가 무너진 이들입니다. 이렇게 온라인 댓글 문화나 커뮤니티의 집단 문화로 인해 자아 강도가 무너진 경우에도, 회복하기 위해서는 결국 타인과 세상과의 긍정적인 관계 맺음을 경험해야 합니다.

이들은 겪는 피해망상의 한 특징은 '다른 사람들은 말고 나만 이런 일을 겪고 있다'고 생각한다는 것입니다. 이 또한 긍정적 관계망이 적을 때 나타나는 현상입니다. 나의 고민을 털어놓음으로써 고민을 털어버릴 수 있는 관계가 없다면 이와 같은 문제를 해결하기 어렵습니다. 자존감을 높이기 위해서는 타인의 시선과 평가에 얽매여서는 안 되지만, 그것은 '세상과 단절하고 나'만 생각하라거나, '나 중심주의'로 생각하는 일과 별개의 문제입니다.

나를 모든 일의 중심에 두려는 태도를 가지면 오히려 주변 환경에 많이 의존하게 됩니다. 나만 생각하는 것은 독립적인 관계와 거리가 더 먼 행동입니다. 자존감이 높은 사람은 타인과 세상의 시선과 평가로부터 자유롭습니다. 때문에 타인과 세상에 대해서도 자유롭고 주도적으로 소통할 수 있습니다. 이것이 진짜 자존감의 모습입니다.

간혹 이런 친구들과는 사귀지 말라고, 너만 생각하라고 아이에게 강조하는 부모들을 볼 때가 있습니다. 이는 결국 아이의 자율성, 회복성, 자기주도성을 믿지 않는 일입니다. 이런 부모는 그 스스로가 타인의 시선에 계속 신경 쓰는 사람일 확률이 높습니다. 자존감을 가진 어른이 된다는 것은 남을 '믿을 수 있는' 능력을 가진다는 것입니다.

트라우마를 극복하고 싶어요

| 과거지향성 vs 현재지향성 |

자존감에 대한 오해 중 트라우마에 대한 문제를 다룰 때가 되었습니다. 앞에서 자존감이 높은 이들과 이야기를 나누어보면 과거의 상처, 트라우마를 이야기하는 사람이 없다는 사실을 이야기했습니다.

트라우마의 사전적 의미를 찾아보면 생명을 위협할 정도의 극심한 스트레스(정신적 외상)를 경험하고 나서 발생하는 심리적 반응이라고 나옵니다. 여기서 정신적 외상이란 충격적이거나 두려운 사건을 당하거나 목격하는 것을 말합니다. 이러한 외상들은 대부분 갑작스럽게 일어나며 경험하는 사람에게 심한 고통을 줍니다. 일반적인 수준에서 스트레스를 다스릴 수 있는 능력 밖의 일을 경험하는 것입니다. 이런 정신적 외상을 입게 되면, 이후에도 이와 비슷한 상황이 발생할 시에 그때 당시의 감정을 다시 느끼면서 심리적 불안을 겪게 됩니다. 그러나 많은 연구에서 자존감 형성에 트라우마의 영향이 있을 수는 있지만 미미하다고 말합니다.

심리학이 유행하고 정신과의 문턱이 과거에 비해 낮아지고, 자존감에 대한 담론이 유행하면서 좋은 점도 있지만, 부작용도 있습니다. 그중 하나가 바로 트라우마의 영향력에 대해 과대평가하게 된다는 것입니다. 우리가 팔을 심하게 다치면 몸 전체의 체력이 떨어집니다. 마음의 상처가 심하면 자존감이 떨어질 수도 있습니다. 트라우마를 치료하면 당연히 자존감이 회복됩니다. 그렇다고 반대로 자존감이 낮은 것은 내게 트라우마가 있기 때문이라고 생각하면 안 됩니다.

이를테면 이런 것입니다. 한 20대 환자분이 어머니의 손에 이끌려 병원에 왔습니다. 우울증 환자였습니다. 항우울제를 한 달 정도 복용하면 병세가 호전될 것으로 예측되는 환자였습니다. 그러나 부모는 처방만으로 만족하지 않았습니다.

"애가 마음의 상처 내지 스트레스가 있는 모양이니 상담 치료를 하게 해주세요"라고 요청했습니다. 그래서 제가 그분에게 단

도직입적으로 물어보았습니다. "앞으로 저와 일주일에 한 번 내지 두 번 정도 만나 한 시간씩 상담 치료를 한다고 하면, 할 만한 이야기가 있으세요?" 그러자 본인은 딱히 할 말이 없다고 했습니다. 대학 4학년이라 취업에 대한 스트레스가 있지만 그건 다른 친구들도 다 받는 것이다. 부모님은 성장 과정에서 정서적으로 지지해주는 분들이시고 경제적으로도 유복했다. 태어나서 지금까지 겪은 가장 큰 실패는 재수를 한 경험이다. 이렇게 말합니다.

이와 같은 경우가 점점 늘고 있습니다. 우울증과 같은 마음의 병을 앓는다고 하여, 그 이유가 모두 끔찍한 과거의 상처가 있고, 그에 따른 두려움이 있는 것은 아닙니다. 그런데 이상하게도 사람들은 트라우마와 상담 치료에 대한 환상을 가집니다.

정신분석을 받으면서 자신의 숨겨진 트라우마를 찾겠다는 분들도 있습니다. 정신분석은 꽤 긴 과정입니다. 정신분석의 장점은 '나의 역사성'에 대해 스스로 정리하게 된다는 것입니다. 정신분석은 기본적으로 '자유 연상 기법'을 사용합니다. 무심코 나오는 농담이든, 기억이 희미한 꿈이든, 어린 시절에 겪었던 아주 사소한 일이든, 무엇이든 자유롭게 스스로 진술해가면서, 의식의 세계에서 드러나지 않는 무의식의 세계로 들어갑니다.

이런 연상 과정을 통해 나의 긴 역사를 알고 서술하게 되면 마음이 편안해집니다. 그러나 이런 과정을 겪었다고 해서 자동적으로 자존감이 높아지지는 않습니다. 나의 과거를 서술하는 것은 단지 출발점입니다. 그 출발점이 되는 과거로부터 많이 벗어날수록 더 멀리 갈 수 있습니다. 더 멀리 갈수록 자신의 심리적 동력인 자존감을 높일 수 있는 것입니다.

심리학자 아들러는 "사람들은 스스로 그 삶을 선택했으며 그리하기 위해 과거를 자기 입맛에 맞게 각색한다"라고 말했습니다. 이를 사적 논리(private logic)라고 합니다. 이에 따르면 모든 과거는 절대적 팩트가 아닌 '내가 만들어낸 현실'입니다.

제가 환자들에게 '무의식'이라는 말을 잘 쓰지 않는 이유도 이 때문입니다. 무의식을 강조하게 되면 우리가 하는 행동에는 표면적인 이유 외에 더 깊은 이유가 있다는 프레임이 작동하게 됩니다. 지금 내가 알고 있는 내 모습으로는 나 자신을 더 정확하게 이해할 수 없고, 해결 방법도 찾을 수 없다는 오해가 발동합니다.

저는 과거의 무의식, 과거의 트라우마와 관계없이 우리는 현재로부터 바로 새로운 삶을 살 수 있다는 입장에 많이 가깝습니다. 왜냐하면 과거는 바꿀 수 없는 것이라서 우리의 능력을 발휘할 대상이 아니기 때문입니다. 자신의 능력을 발휘할 수 있는 것은 현재라는 것이죠. 그렇게 본다면 '과거에 겪었던 어떤 일 때문에 저는 자존감이 낮아요'라는 마음은 어쩌면 '지금 자존감이 낮은 상태를 원하기 때문에 과거의 트라우마를 이용하고 있다'고도 할 수 있습니다.

어떤 문제를 해결할 때마다 그 근원적 원인을 파헤치는 데 시간을 들이는 방법은, 바쁜 일상을 사는 현대인들이 적용하기 어렵습니다. 특히 인간이 자기 의지를 통해 변화할 수 있다는 관점, 그렇기 때문에 인간의 성장에서 교육의 역할이 중요하다는 관점에서 보면, 트라우마를 중요시하는 원인론적 접근법이 가지는 한계가 있습니다.

많은 환자들이 본인의 콤플렉스가 성장 과정에서 생긴 것을 인지하고 있습니다. 문제는 자기의 콤플렉스가 왜 생겨났는지를 인지하게 된다고 해서, 그 콤플렉스가 사라지는 건 아니라는 겁니다. 원인을 안다고 문제가 해결되는 건 아니라는 겁니다. 트라우마를 강조하는 입장에서 보면 본인이 인지하고 있는 것 이상의 더 깊은 상처가 원인일 수도 있습니다. 그러면 계속해서 그 상처를 헤집고 또 헤집어야 할까요.

저에게 찾아오는 20대나 30대 환자만이 아니라, 나이가 40이 넘고 50이 되어가는 환자들 중에도 어린 시절의 트라우마를 이야기하는 사람들이 꽤 됩니다. 부모가 자신에게 주었던 충격적인 상처를 이야기합니다. 저는 그런 분들에게 간혹 단호하게 말합니다. "그러면 부모님과 거리를 두시면 어떨런지요?" 이렇게 말하면 다들 깜짝 놀랍니다. 어떻게 그렇게 말할 수 있냐는 표정으로 바라봅니다. 친구나 주변 사람들에게 그런 이야기를 들어왔겠지만, 막상 정신과 의사가 이렇게 이야기하니 더 충격을 받는 것 같습니다. "당신은 이미 성인입니다. 과거는 부모 탓일 수 있습니다. 그런데 앞으로는 어떻게 살고 싶습니까? 이 방에 들어올 때마다 과거 여행을 하고, 이 방을 나서면 어떤 변화가 있던가요?" 이렇게 물어봅니다.

이 말은 '당신은 과거와 상관없이 현재를 살아갈 수 있는 능력이 있다'는 것을 암시하는 말입니다. 자존감은 절대 과거로부터 오지 않습니다. 수많은 자기계발서들이 말해주는 진리가 있습니다. 과거의 영광에 기대지 말라는 것입니다. 과거의 성공이 내일의 성공은 물론 오늘의 성공도 장담해주지 않는다는 것입니다. 오늘이 매일 새로운 날인 것처럼 생각하라고 합니다. 자존감의 문제도 마찬가지라고 생각합니다. 낮은 자존감이 과거의 상처 때문이라고 생각하면 안 됩니다.

많은 환자들을 보면 부모의 이혼이나 사망 같은 일로 큰 상처를 받은 경우에도, 그것보다는 현재의 인간관계나 직장에서의 문제가 더 자존감을 낮추는 데 결정적입니다. 예를 들면 학교에서 왕따를 당했던 과거보다 가짜 자존감을 부추기는 현재의 직장 상사가 더 문제라는 겁니다. 그 직장 상사에게 잘 대처하기 위해서라도, 내가 지금 받고 있는 부당한 대우와 과거에 내가 왕따를 당했던 경험을 분리해야 합니다.

트라우마로 인해 자신이 자존감이 낮다고 생각해서는 안 되는 이유가 또 있습니다. 이런 사고가 대인관계에서 문제를 발생시키기 때문입니다. 트라우마에 집착하는 사람들은 대인관계에서 반드시 문제가 생깁니다. 이런 이들은 다른 사람들이 자신의 트라우마를 이해해주고, 자기처럼 공감해주기를 바랍니다. 그런 공감과 지지를 보내는 사람인가 아닌가에 따라 내 편, 네 편을 정합니다. 하지만 학교에서, 회사에서, 일상에서 만나는 대부분 이들은 나의 트라우마에 대해 잘 모릅니다. 그걸 이해해주기를 바라는 마음을 항상 품고 사는 건 힘든 일입니다. 자존감이 높은 이들은 공감 능력이 높기 때문에, 타인의 트라우마에 대한 이해가 높을 수 있습니다. 하지만 본인의 트라우마에 대해서는 객관적 거리를 유지합니다. 제가 만나본 자존감이 높은 이들 중에는 '그런 깊은 상처가 있는 줄 몰랐어요'라고 생각하게 되는 분들이 많았습니다.

트라우마로부터 벗어나기 위해서라도 자존감과 트라우마는 별개의 문제라고 생각하는 것이 훨씬 도움이 됩니다. 앞에서 자존감은 타인과의 상호관계에 절대적인 영향을 받는다고 했습니다. 그렇다면 '과거의 나'가 아닌 '현재의 나'로 타인과 새로운 관계를 만들 수 있다고 생각해야 긍정적인 상호관계가 만들어집니다.

그래서 저는 손상된 자존감을 정상으로 돌리자는 표현보다는, 지금 있는 위치에서 자존감을 위로 끌어올리자는 표현을 좋아합니다. 부정적인 과거를 긍정적인 과거로 바꾸는 것은 불가능합니다. 매우 힘든 일입니다. 그보다는 아직 규정되지 않은 상태에서 긍정적인 쪽으로 나아가는 일이 훨씬 낫습니다.

그러려면 오늘 자신의 자존감을 '낮은 자존감'이 아니라 '규정되지 않은 자존감'이라고 표현하는 게 더 낫다고 생각합니다. 트라우마를 강조하는 태도는 자존감 형성의 출발점을 낮추게 하는 일일 수 있습니다.

제 병원에는 성소수자분들이 꽤 찾아옵니다. 그들은 모두 이성애자 중심의 사회에서 자신의 성적 정체성 때문에 힘든 일을 겪었습니다. 그들을 살펴보면 자신의 상처를 이겨내는 각자의 방법을 찾으려고 노력한 과정들이 있습니다. 저는 그 노력에 주목합니다. 그들의 노력에서 자존감의 씨앗을 발견하고, 존중하는 마음을 가지게 될 때도 많습니다. 저의 작은 병원이 '퀴어 프렌들리' 병원이 된 데는 제가 성소수자에 대한 이해가 특별히 높아서가 아니라, 아마도 제가 그들에 대해 잘 모른다는 사실을 솔직하게 인정하고, 필요한 자료를 열심히 찾아보기 때문이라고 생각합니다. 제가 그럴 수 있는 건, 그들이 과거에 어떤 심한 트라우마가 있다고 해도, 그 극심한 상처를 잊지 못한다고 해도, 오늘을 사는 그들의 자존감은 그 트라우마와 분리될 수 있다는 관점에서 접근하기 때문입니다.

단적으로 말하면 트라우마가 없어도 자존감이 낮을 수 있습니다. 제가 자존감에 대한 글을 쓴 이후 받은 질문 중에 "저는 살아온 과정이 무난하고 평탄합니다. 직업도 괜찮고 가족들도 화목합니다. 그런데 저는 왜 자존감이 없을까요?"라는 질문이 있었습니다. 바로 이 '무난 평탄'이 문제입니다.

저는 그 질문을 받고 이렇게 반문했습니다. "만약 직장에서 잘리고, 이혼을 요구받고, 자식이 속을 썩이고, 집안의 사업이 망하는 상황이 온다고 생각해봅시다. 이런 종류의 일들이 벌어지면, 그때 당신은 어떻게 할 것 같습니까?"

이런 충격은 자존감이 높은 사람들에게도 굉장히 힘든 상황일 겁니다. 그러나 일단 자존감이 높은 이들은 힘들더라도 이겨내려고 노력할 것입니다. '그럼 새 직장은 어떻게 구할 수 있을까? 혼자 아이를 키우기 위해서 어떤 환경을 만들어야 할까? 반항하는 아이가 문제가 아니라, 내가 부모로서 변해야 하는 게 있지 않을까?' 이렇게 생각하게 됩니다.

자존감은 행복할 때 필요한 게 아니라 힘들 때 필요한 것입니다. 바꾸어 말하면 내가 진정으로 자존감이 높은 사람인지 아닌지는 이런 힘든 상황이 왔을 때 알 수 있습니다. 위기의 상황에서 얼마나 자신을 객관화할 수 있고, 그 와중에도 자신을 존중하는 마음을 잃지 않는지가 중요하다는 말입니다.

"저는 무난한 삶을 살았는데 왜 자존감이 낮을까요?"라는 질문 또한 자존감이 과거의 상처와 관계있는 게 아니라, 오늘의 상태와 더 깊은 관련이 있다는 것을 알려줍니다. 본인이 말하는 '무난 평탄'이 사실은 '자기가 설정한 인생의 목표'가 아니었다는 것을 암시합니다. 인간은 각자 자기만의 삶의 특징이 있습니다. 사람마다 성격이 다르고, 역사가 다르고, 개성이 다르듯이 인생에서 추구하는 방향과 목표가 다릅니다. 그 방향과 목표를 느끼고 살고 있다면 큰 좌절이나 실패가 없다 하더라도 하루하루가 '무난 평탄'할 리만은 없습니다. 대단한 직업을 갖고 있지 않아도 내가 하는 일에서 뭔가를 향해 나아간다는 느낌이 있고, 그중에서 느끼는 희노애락이 있습니다. 인생이 재미있다는 말입니다. 그래서 저는 자존감을 갖는다는 건 곧 '내 인생의 시그니처(특장점)'를 갖는 일이라고 표현합니다. 무난 평탄한데도 자존감이 없다는 건 인생이 재미가 없다는 뜻이고, 이는 곧 자기 인생의 시그니처가 없기 때문입니다. 이 시그니처를 형성하는 일이 바로 진짜 자존감을 갖는 일입니다.

나만의 시그니처 만들기

계속 두드려라. 안에 있는 기쁨이
어느 순간 창문을 열고
거기 서 있는 너를 내다보리니.

_잘랄루딘 루미, 「어디엔가 물이 있다」 중에서

진짜 자존감은
어른이 되면서 시작된다

자존감을 형성하는 데 있어 우리가 착각하는 오해와 함정들에 대해서 알아보았습니다. 그렇다면 진짜 자존감은 무엇을 통해 만들어질까요. 이를 알기 위해서는 자존감의 중요한 특징을 이해해야 합니다. 바로 자존감이 사회적 자아와 관계가 있다는 사실입니다. 앞에서 자존감은 기질이 아니라 성격의 차원에서 다뤄야 한다고 했습니다. 즉, 자존감은 결국 '남이 만들어준 나'가 아니라 '내가 만든 나'에 집중하는 힘입니다

자존감 문제로 가장 힘들어하는 시기는 20대에서 30대입니다. 왜냐하면 이 시기는 사회적 자아가 아직 만들어지지도 않았고, 그렇다고 없는 것도 아닌, 애매한 상태에 있기 때문입니다. 이 시

기에 사회적 자아가 단단하게 형성되고 그와 함께 자존감이 함께 만들어지지 않으면, 이후에 낮은 자존감 혹은 가짜 자존감에 계속 시달리게 됩니다.

지영 씨는 오랜 시간 공무원 시험을 준비했고 합격했습니다. 누구나 부러워하는 공무원이 되었지만, 지영 씨는 항상 화가 나 있습니다. 국가 정책은 왜 맨날 달라지는지 모르겠고, 그것을 민원인에게 설명할 때마다 신경질이 납니다. 이러나저러나 나에게는 별 상관없는데, 왜 자꾸 나를 귀찮게 하는지 모르겠습니다. 민원인이 뭔가를 물을 때마다 내가 왜 이런 말도 안 되는 질문에 답을 해줘야 하나, 짜증이 밀려옵니다. 그토록 고생해서 얻은 공무원 자리이고, 수많은 경쟁자를 물리치고 이 자리에 왔습니다. 그런 만큼 자신이 자랑스럽습니다. 그런 자랑스러운 나에게 대단한 취급을 해줘도 부족한데, 과장님은 쓸데없는 지시만 내립니다. 상사들이 모두 다 무능해 보이고 한심하게 느껴집니다. 지영 씨만 이런 게 아닙니다. 많은 이들이 이런 문제에 시달립니다. 이는 직장인으로서의 정체성, 즉 사회적 자아에 대한 자존감이 형성되지 못했기 때문입니다.

사람의 인생에서 스무 살에서 서른에 이르는 시기만큼 중요한 때는 없습니다. 이때 어떤 사회적 자아가 형성되었느냐에 따라 한 개인의 가치관, 행동 등이 결정되기 때문입니다. 나이가 아주 많으신 분들을 만나보면 단번에 알 수 있습니다. 일흔이 다 된 어르신들이 사람과의 관계, 세상과의 관계에서 갖고 계신 기준들은 본인들의 20, 30대 경험에 고정되어 있습니다.

제가 유독 젊은 환자들에게 애정을 쏟게 되는 것도 그 때문인 듯합니다. 지금 이 시기에 어떤 경험을 하는지에 따라 이후의 삶이 지대한 영향을 받을 것임을 직감하기 때문입니다. 비록 마음의 상처가 있어서 정신과 병원의 문턱을 넘었지만, 이곳에서 긍정적 경험을 하느냐 안 하느냐에 따라 인생의 색깔이 확연히 달라질 수 있다고 느끼기 때문입니다. 그래서 때로는 형편이 어려운 환자에게 진료비는 나중에 내고 일단 병원에 오라는 오지랖을 부리기도 하나 봅니다. 물론 환자에 감정 이입을 하거나, 치료에 필요한 거리 지키기는 절대 잊지 않으면서요.

자존감이 사회적 자아와 관련이 깊다는 것을 이해하게 되면, 비록 내가 어두운 청소년기를 보냈다고 해도 지금 성인이 된 나의 자존감은 그 시기와 별개로 형성될 수 있다는 것을 인정할 수 있습니다. 청소년기는 많은 것이 원하든 원치 않든 '주어진 상태'

에 있습니다. 부모가 어떤 사람인지 우리가 선택할 수 없고, 가정 형편도 당연히 선택할 수 없습니다. 때문에 자기에게 주어진 역할의 범위가 매우 한정적입니다. 학생, 친구, 자녀로서의 역할이 대부분입니다. 다행히 아직 어른이 되는 과정은 한참 더 남아 있습니다.

20대가 되고 이때부터 다양한 사회적 관계를 경험하게 되면서, 자신의 정체성이 달라질 수 있는 여러 가지 환경을 만나게 됩니다. 이 과정에서 또 다른 자아가 만들어지고 발견됩니다. 예를 들어 수줍음 많고 내성적이던 막내아들이 아르바이트를 하게 되면서 활달하고 수다 많고 주도적인 인기 알바생의 모습을 가지게 될 수도 있다는 겁니다. 그러면서 자존감이 새롭게 형성됩니다.

간혹 "우리 사회에서는 19세에 결정된 대학 진학이 평생을 좌우하는데, 이미 내 자존감은 그때 끝났다"고 항변하는 경우도 있습니다. 그러나 만약 나이가 마흔이 넘은 사람이 아직도 "나는 서울대를 나왔다"고 자랑하면 사람들은 그를 어떻게 볼까요? 그 사람을 대단하다고 여기기는커녕, 저 나이 되도록 그것밖에 자랑할 게 없냐고 생각할 것입니다.

지방에 있는 병원의 특성상 지방대에 다니는 20대들이 많습니다. 서울 소재의 명문대를 다니지 않는다고 해서 그들의 인생이 이미 다 결정된 게 아닙니다. 당연히 모두가 불행하거나 자존감이 낮지 않습니다. 심지어 제가 만나는 환자들은 정신적인 문제를 치료하기 위해서 온 사람들임에도 불구하고, 자신의 경제적 생활, 사회적 활동에 대한 성취가 높은 이들도 꽤 됩니다. 대기업 본사에 공채로 들어간 사원은 거의 없지만, 그 대신 자신이 잘하는 일을 바탕으로 다양한 사회적 활동을 합니다. 프리랜서 작가에서부터 젊은 창업자까지 하는 일이 다양합니다. 게다가 세상이 급변하고 있습니다. 앞으로 10여 년 후면 현존하는 직업의 60퍼센트가 사라진다는 이야기도 있습니다. 오히려 지방에 있는 제 눈에는, 학벌에 목매는 것이 구시대의 가치관을 마지막으로 붙들고 있는 일인 듯 보입니다.

학벌과 개인의 지적 능력 사이의 상관관계도 크지 않습니다. 2007년 이후 노벨의학상이나 노벨화학상 수상자의 출신 대학을 보면 당연히 일류대일 거라 생각하지만 그렇지 않았습니다. 하버드 대학, 예일 대학, 스탠퍼드 대학 출신도 있지만 해밀턴 대학, 홀리 크로스 대학, 헌터 대학, 롤린스 대학, 베레아 대학 등 잘 알려지지 않은 대학 출신도 많습니다. 고등학교를 졸업하고 웬만한 대학에 들어간 사람이라면, 누구나 노벨상을 받을 확률은 있다는 것입니다.

EBS 다큐프라임 〈엄마도 모르는 우리 아이의 정서지능〉이라는 프로그램에서 하버드대생들의 삶을 추적 관찰한 연구가 나왔습니다. 27퍼센트의 사람은 목표가 없었고, 60퍼센트는 목표가 희미했으며, 10퍼센트는 목표가 있었지만 비교적 단기적이었습니다. 단 3퍼센트의 학생만이 분명하면서도 장기적인 목표를 가지고 있었습니다. 이들을 25년간 지켜본 결과 이 3퍼센트의 사람들은 사회 각계의 주요 인사가 되었습니다. 10퍼센트의 단기적 목표를 가진 사람들은 주로 의사, 변호사, 건축가, 사업가로 안정적인 생활 기반을 갖추고 살고 있었습니다. 목표가 희미했던 60퍼센트는 대부분 중하위층에 머물러 있었으며 목표가 없었던 27퍼센트의 사람들은 모두 최하위 수준에서 취업과 실직을 반복하며 때로는 남을 원망하고 사회를 원망하면서 살고 있었습니다.

학력보다 더 중요한 것은 자기만의 '목적을 가진 삶'을 살고 있느냐의 문제임을 단적으로 보여준 사례였습니다. 그래서 사회적 자아가 형성되는 2030시기의 자존감이 매우 중요합니다. 10대 때 아무리 특목고를 나오고 SKY 대학에 진학해도, 자신 스스로 삶의 목적을 찾아가는 능력, 자신을 소중하게 여기는 능력이 없다면 10년 뒤, 20년 뒤, 30년 뒤, 이렇게 시간이 가면 갈수록 그 학력의 의미는 사라집니다.

오늘날 자존감이 이토록 중요한 문제가 된 것에 대해, 저는 한 사람의 성인으로 자립하는 데 필요한 시간이 너무 늘어나고 있기 때문이라고 생각합니다. 몸은 이미 어른인데, 계속 뭔가를 준비하고 있어야 하는 시기가 길어졌습니다. 외적 조건이 계속 불안하니 내면의 힘이 더 강해야만 버틸 수 있습니다. 자존감은 내면적 가치에 집중하는 능력이라고 말했습니다. 인생을 산다는 것은 답이 없는 문제를 끊임없이 풀어가는 것과 비슷합니다. 외적인 가치는 실패할 수도 있고, 성공할 수도 있습니다. 그러나 내면적 가치의 차원에서는 실패는 실패대로 자양분이 되고, 성공은 성공대로 밑받침이 되면서, 자기만의 자존감이 지속적으로 커질 수 있습니다. 사회 진출을 준비하는 시기가 길어질수록 더욱 자신의 내면적 가치에 집중하는 이들만이 긴 준비기를 잘 이겨낼 수 있습니다.

인간이 자립한다는 것은 스스로 삶의 목적을
찾아가는 능력을 갖는다는 것이다.
인생은 답이 없는 문제를 끊임없이 풀어야 하는 일이기 때문이다.

진정한 나를 찾고 있다면

인간은 사회적 활동을 하면서 사회적 가면이라는 걸 쓰게 됩니다. 심리학자 융이 말한 페르소나(persona)를 갖게 되는 것입니다. 페르소나란 고대 그리스 연극에서 배우들이 쓰던 가면을 말합니다. 우리나라 탈춤에서 광대가 노인의 탈을 쓰면 노인의 역할을 하고, 양반의 탈을 쓰면 양반의 역할을 하는 것처럼 말입니다. 인간은 사회 속에서 여러 가지 가면을 쓰고 살아간다는 것을 뜻합니다. 이 페르소나는 사회마다 시대마다 역할에 따라 다릅니다. 예를 들어 한국에서 장남의 위치에 있는 사람이 가지고 있는 페르소나가 있습니다. 그러나 미국인의 경우 장남이라고 동일한 페르소나가 있지는 않겠지요. 학교 선생님으로서 가지는 나의 페르소나와 집에 돌아와 아기 엄마로 갖게 되는 페르소나도 다를 것입니다.

융은 인생의 후반기에는 페르소나가 외부에서 주어진 것임을 인지하고 진정한 자아를 찾아야 한다는 것을 강조했습니다. 이 페르소나 자체가 나쁘다는 건 아닙니다. 단지 그것이 진정한 목적이 아니고 사회생활에 필요한 수단이라는 것이고, 거기에 절대적인 중요성을 부여하지 않아야 한다는 것이지요. 융이 말한 진정한 자아실현의 개념이 바로 개성화(individuation)입니다.

융이 말한 '개성화'라는 개념은 자존감 문제에서 중요합니다. 진정한 자아를 갖지 못하고 외부에서 주어진 페르소나 뒤에 숨기만 하면, 자존감이 낮아진다고 할 수 있습니다. 진정한 내가 누구인지 잘 모르겠고 타인의 시선을 중요시하는 페르소나를 뒤집어 쓴, 그런 삶을 살고 있기 때문입니다. 그런데 이렇게 진정한 자아를 찾으라고 하는 말을 실제 환자들에게 적용해볼 때 여러 가지 오해가 생기는 것 같습니다.

수많은 심리서에서 "진정한 나를 찾아라"는 충고를 합니다. 그런데 '진정한 나'란 도대체 무엇일까요? 지금 내가 갖고 있는 내 모습은 진정한 나가 아닌 걸까요? 겉으로 드러내는 내 모습은 진정한 나가 아닐까요? 진정한 나를 찾지 못해서 자존감이 낮다고 생각이 되면, 진정한 나를 찾기 위해 현재의 모습을 바꿔야 한다고 생각하게 되거나, 나도 몰랐던 나의 무의식을 찾아야 한다거나, 나의 진정한 모습을 훼손시킨 과거의 트라우마를 탓하는 등의 현상이 일어나게 되는 것 같습니다. '오늘 지금의 나'를 부정하는 부작용이 발생하는 것을 종종 봅니다. '진정한 자아'라는 개념을 현대 사회에 맞게 전달해줄 필요를 느낍니다.

프로이트나 융이 살았던 시대만 해도 신분제의 흔적이 많이 남아 있었습니다. 어떤 집안에서 태어나느냐에 따라 허용되는 삶의 형태가 달랐습니다. 그런 사회였다는 것을 다양한 문화적 콘텐츠들을 통해 짐작할 수 있습니다. 많은 사람들이 알고 있는 만화 〈엠마〉는 신분 사회가 흔들리던 산업혁명 시기의 영국을 배경으로 하는 로맨스물입니다. 이 만화의 주인공 엠마는 메이드(하녀)입니다. 주체적이고 지적이고 아름다운 엠마는 상류층 남자와 사랑에 빠집니다. 그 사랑을 이루어가는 과정은 쉽지 않습니다. 이미 그때 메이드와 귀족의 사랑이 법적으로 금지된 것은 아니지만, 계층에 따라 정해진 삶의 형태가 있었습니다. 개인의 사적인 욕망을 드러내기 어렵고, 한 사람이 자신의 개성에 따라 삶을 선택하고 꾸려나갈 수 있는 가능성이 적었던 시절입니다. 이 만화가 아니더라도 당시에 나온 여러 소설들을 통해 그 시기의 사회상을 충분히 짐작할 수 있습니다. 프로이트와 융의 시대만 해도 태어날 때부터 정해진 역할, 사회적으로 강요된 역할, 그로 인해 억압된 자아의 문제가 중요했던 시대였습니다.

오늘날에도 사회적으로, 외부적으로 강요되는 역할들이 있지만 그때와 비교하면 훨씬 달라진 세상입니다. 무엇보다 현대 사회에서 개인은 여러 가지 역할을 요구받습니다. 한 가지 직업과 직장이 평생 유지되는 이들이 거의 없고, 결혼도 필수적인 요소가 아닐뿐더러, 이른바 결혼 적령기라는 개념도 점점 희미해지고 있습니다. 결혼한 다음에도 과거와 같은 형태의 가족 제도를 유지하는 경우가 급격하게 줄고 있습니다. 아이 없이 사는 경우도 많습니다. 이처럼 과거에 보지 못했던 여러 정체성을 스스로 만들어가야 합니다.

때문에 저는 사회적 가면에 대해서도 부정적으로 대할 것은 아니라고 생각합니다. 오히려 자신이 써야 할 일정 정도의 가면을 받아들이지 못해 사회적 관계에서, 대인관계에서 힘들어하는 이들도 많습니다. 사회적 역할의 가면을 받아들이라는 건, 무조건 주어진 역할에 순응하라는 것이 아닙니다. 알바생이면 사장님이 뭐라고 하든 다 참아야 한다는 뜻이 아닙니다. 알바생으로 존재할 때는 알바생으로서의 역할을 잘하는 것에 집중하는 게 필요하다는 의미입니다.

　알바생의 역할을 잘 해내기 위해 노력하는 것과 그 역할의 범위를 벗어나는 부당함을 받아들이지 않는 것은 충분히 양립할 수 있는 일이고, 사실은 양립해야 하는 일입니다. 제대로 시급이 안 나오면 사장에게 이러면 그만두겠다고 이야기를 분명하게 해야 하고, 다른 직장을 빨리 알아봐야 합니다. 그러나 비록 하찮은 일이라도 내가 선택한 일이라면, 그 일을 싫어하는 마음으로 대강 일해서도 안 됩니다. '나는 알바나 할 사람이 아닌데'라는 마음으로 있으면, 더 자존감이 낮아지고 자신을 괴롭히게 됩니다. 사장이나 손님이 괴롭히는 것은 저항하고 따질 수 있지만, 자신이 자신을 낮춰 보는 것은 해결하기 어렵습니다.

　어떻게 해야 할까요. 알바를 하는 나도 '진정한 나'를 구성하는 요소로 존재합니다. '진정한 나'는 남들이 못 보는 어디 다른 곳에 몰래 숨어 있는 것이 아니라, 사회적 역할을 할 때도 작동하고 있고, 작동해야 합니다. 그래야 사회적 역할에 대해서 주도적인 태도를 가질 수 있습니다. 다만 나의 사회적 역할에 대한 기대치와 목표를 타인이 아닌, 자신이 설정하면 됩니다.

예를 들어 엄마로서의 모습도 마찬가지입니다. 세상에 똑같은 모습의 엄마란 없습니다. 흔히 '좋은 엄마'라고 할 때 상상되는 어떤 이미지는 있겠지만, 그 이미지와 같은 역할을 못한다고 해서 나는 좋은 엄마가 아니라고 자책할 필요 없습니다. 마찬가지로 '좋은 엄마가 되기를 강요하지 마' '엄마 역할은 내 진짜 모습이 아니야'라고 부정적인 방어막을 칠 필요도 없습니다. 전자의 경우나 후자의 경우나 똑같이 자기 가치를 훼손하는 일입니다. 핵심은 '내가 되고 싶은 엄마'의 모습이 아니라 '내가 잘할 수 있는 엄마'의 모습을 찾는 데 집중하는 것입니다. 엄마라는 역할에 잘 맞는 나만의 가면을 스스로 만드는 것입니다. 자존감을 가진다는 건 이런 것입니다.

2030시기에는 자기가 잘 다룰 수 있는 페르소나를 발달시켜야 합니다. 자존감이 높은 사람들은 이 페르소나 자체를 거부하지는 않습니다. 왜냐하면 가면을 쓰고 있더라도, 그 안에 있는 자신과 가면을 착각하지 않기 때문입니다. 내 무대의 주인공은 나라는 생각이 분명하다면, 자신이 인생을 살아가면서 써야 하는 역할에 맞게, 혹은 그 역할을 더 잘할 수 있는 가면을 잘 선택해서 쓸 수 있습니다.

한 사람의 자존감은 인생의 다양한 무대와 그 무대 위에서 다양한 관계를 경험하는 과정에서 모습을 분명하게 드러냅니다. 10대 때는 학교에서 회장도 하고, 명문대에 진학하면서 자존감이 높을 수 있지만, 성인이 되어서는 사회적 관계에서 어려움을 겪고, 자존감이 바닥을 치게 되는 사례를 숱하게 보는 것도 바로 이때문입니다.

이에 대해 '그냥 나는 하나의 모습으로 살고 싶습니다. 그런 여러 페르소나를 쓰고 싶지 않습니다. 저에게는 너무 힘든 일입니다'라고 반응할 수도 있습니다. 물론입니다. 자신이 서고 싶지 않은 연극 무대라면 내려오면 됩니다.

처음부터 '나는 나를 괴롭히는 사람들과는 얽히는 게 싫다'라고 선을 그을 수도 있습니다. 하지만 사회적 역할을 잘 수행하고 싶다면, 그 역할에 맞는 여러 가면을 써보는 일을 시도하는 것도 필요합니다. 만약 그렇게 만들어진 모습이 정말 자신의 자율성과 자유를 해치는 것 같다면 그때 무대에서 내려와도 됩니다.

문제는 남이 강요하지 않았는데 자기 스스로 쓰게 되는 거짓 페르소나에 있기도 합니다. 요즘 젊은 세대들에게 '관종'이라는 말이 유행입니다. SNS에서 자신의 일상을 멋지게 보이려고 하거나, 과도한 댓글 등을 통해 사람들의 관심을 끌려는 이들이 대표적인 예라고 할 수 있습니다. 심한 경우 정신의학적 용어로 연극성 성격장애(histrionic personality disorder)를 보이는 이들도 있습니다. 이들이 온라인에서 보여주는 모습은 강요된 것은 아니지만, 자신에 대한 가치 판단의 기준이 남들에게 있습니다.

현대 사회는 자신을 적극적으로 알리는 시대이기 때문에, 온라인에서 자신을 드러내는 행위 자체가 나쁘다고 말할 수는 없습니다. 자신과 취향과 생각이 비슷한 사람들과 소통하기 위해서든, 자신의 생업과 관련된 일을 홍보하기 위해서든, 자기의 일상을 기록하기 위해서든, 속마음을 털어놓고 홀가분해지기 위해서든, 다양한 목적이 있습니다. 그 목적을 자신이 잘 알고 있으면 됩니다. 그러나 오로지 타인의 관심을 받는 것 자체가 목적이 되고, 원래의 목적을 잊어버리면 아무리 그 모습이 멋있고 예쁘다고 하더라도 점점 더 자존감은 낮아지고, 자기 비하로 이어질 수 있습니다. 중요한 건 SNS에서 보이는 모습이 아닙니다. 얼마나 남들의 시선에 사로잡혀 있는지가 문제입니다. 자해를 한 후에 그 상처를 SNS에 올리는 경우도 있습니다. 그 아래에 '힘내세요'라는 댓글이 달립니다. 그 댓글을 받기 위해 올리는 것입니다.

 이렇게 남이 주는 관심으로 자신의 정체성을 규정하게 되면, 심지어 자신의 진짜 상태를 전달하는 법을 잊어버리기도 합니다. 진정한 나의 모습이 뭔지 나 자신도 헷갈리게 됩니다. 남들이 나를 욕해서 힘든데 계속 괜찮은 척, 밝은 척, 당당한 척하게 됩니다. 사람들은 그 사람의 진짜 상태를 짐작하기 어렵습니다. 사람들은 그 사람의 멘탈이 갑이라고 생각하지만 실상은 그렇지 않을 수 있습니다. 이처럼 외부의 관심이 부정적일 때는 말할 것도 없고 긍정적일 경우에도 내적으로 허약한 상태가 됩니다. 채워도 채워도 공허합니다.

 자기 뿌리로 물과 양분을 빨아들이는 나무가 아니라, 뿌리 없이 꽃병에 꽂힌 존재처럼 되는 것입니다. 남이 물을 줘야만 살 수 있게 되는 것입니다. SNS에서는 당당하고 활기차 보이는 사람이 사실은 우울증을 겪고 있는 경우를 종종 발견하는 건 이 때문입니다. 자기가 잘 다룰 수 없는 페르소나를 쓰고 있는 것입니다.

당신의 시그니처는 무엇인가

페르소나가 '가면' '의무' '역할' '수단'이라는 뜻과 함께 진정한 나 자신은 아니라는 개념이라면 우리는 어떤 개념을 가지면 좋을까요. 저는 진정한 나 자신이 상황에 따라 적절하게 기능하면서 존재하는 멀티 아이덴티티(다양한 정체성)라는 말을 많이 사용합니다. 페르소나와 달리 매 순간이 진정한 나 자신이며, 의무나 역할이 아닌 그 자체가 목적인 정체성을 말합니다. 오늘날 온라인을 통해 다양한 관계를 맺는 이들에게는 이 단어가 어렵지 않고 쉽게 다가가는 듯합니다.

자신에게 여러 가지 정체성이 있음을 아는 것은 자존감을 키우는 데 도움이 됩니다. 수영 교실에서 한 50대 남성분을 보았습니다. 그분은 남녀노소를 불문하고 언제나 먼저 반갑게 인사를 합니다. 일흔이 넘은 할머니 회원들과 수다도 잘 떱니다. 누가 다소 무례한 농담을 던져도, 말이 안 되는 소리를 해도 개의치 않고 잘 받아줍니다. 자동차 세일즈맨 출신일 것 같았는데, 나중에 알고 보니 대학교수님이었습니다. 그분과 가깝게 지낸 수영 교실 회원들도 그분의 직업이 교수인 줄 몰랐다고 합니다. 그분은 수영 교실에 올 때 대학교수라는 정체성이 아닌, 수영을 즐기는 유쾌한 아저씨라는 정체성만 갖고 오시는 겁니다. 대학교수라는 위치에 가면 또 다른 모습을 보여주실 것 같습니다. 아마 은퇴를 하고 대학교수라는 사회적 지위가 사라진다고 해도, 자기만의 새로운 정체성을 발굴해내고 그에 맞게 잘 사실 거라 생각합니다.

반면에 어느 자리에서든 자신의 직업이나, 경제적 수준을 드러내려고 하는 사람이 있습니다. 인간에게는 여러 정체성이 있고, 자신이 속한 집단에 맞는 정체성으로 소통하고 관계 맺어야 한다는 사실을 이해하지 못하고, 타인이 가장 우러러보는 나의 어떤 모습만 내세우려고 하는 사람인 것입니다.

외모만 내세우는 경우도 종종 봅니다. 남녀노소를 불문하고 그 모임에서 자신이 가장 잘생기고, 가장 예쁜 사람임을 확인하고 싶은 이들이 있습니다. 충분히 외모가 아닌 다른 정체성으로도 호감을 받을 수 있는 존재이고, 어쩌면 더 높은 평가를 받을 수도 있는데 그런 긍정의 경험을 스스로 차단하고 있습니다.

그렇다면 어떻게 멀티 아이덴티티를 잘 운용할 수 있을까요. 여러 정체성을 잘 운영하는 사람은 그 여러 정체성을 운영하는 중심축인 '자기다움'이라는 기준을 가지고 있습니다. 저는 이를 '나만의 시그니처'라고 표현합니다. 시그니처는 융이 말한 '개성 화'와 유사한 개념입니다. 개성이라고 하면 뭔가 '남들과 달리 튀 어 보이는 것'이라고 생각할 수 있는데, 시그니처라고 말하면 '나 만의 고유한 장점'이라는 것으로 이 말이 목적하는 방향이 좀 더 분명해집니다. 우리가 자존감을 갖고 인생을 산다는 것은 '나만 의 시그니처'를 만들어가는 과정입니다.

시그니처(signature)는 원래 서명, 이름, 사인 등을 뜻하는 말이 지만 최근에는 이 단어의 의미가 확장되어 쓰입니다. 주로 '대표 적으로 좋은 것'이라는 의미로 쓰입니다. 카페에 가면 여러 가지 메뉴가 있지만, 이 카페가 가장 잘하는 메뉴를 시그니처라고 합 니다. 시그니처는 다른 카페에는 없는 메뉴를 말하기도 하지만, 다른 곳에서도 파는 메뉴여도 이 카페만의 방식으로 유니크한 맛을 내는 메뉴를 뜻하기도 합니다.

사람도 그와 같습니다. 우리는 여러 가지 역할을 수행하며 삽니다. 그중에서 가장 '내가 잘하는 역할' '내가 잘하는 방식'이 있는 사람과 없는 사람의 차이가 큽니다. 나의 시그니처라는 게 어떤 역할일 수도 있고 장점일 수도 있습니다. 한 회사에 마케터가 여러 명이지만, 그중 나는 다른 마케터와 다른 '나만의 장점'이 있습니다. 내가 그 장점을 통해 업무를 잘 해내고, 향상심을 느끼는 것이 중요합니다.

저도 마찬가지입니다. 세상에는 수많은 정신건강의학과 의사들이 있을 겁니다. 조곤조곤하게 상담을 잘하는 분도 있을 것이고, 저처럼 수더분한 의사도 있을 겁니다. 누구는 청소년 상담을 잘하지만, 노인 상담을 더 잘하시는 분도 있습니다. 학구적인 분도 있고, 외래 상담을 더 잘하시는 분도 있습니다. 이렇게 나만의 장점을 가질 때 내가 의사라는 역할에서 가지는 고유한 자존감이 생겨납니다. 가장 유명한 의사가 되는 게 중요한 게 아닙니다.

저는 지방의 작은 정신건강의학과를 운영하지만, 저명한 교수님들보다 세상에 덜 필요한 존재라고 생각하지 않습니다. 저는 한 가지를 파고드는 걸 좋아하고, 세심하게 살피고 기억하는 걸

잘합니다. 그렇기에 환자들과 긴 시간 충분히 이야기를 나눌 수 있는 지금의 근무 환경에서 저의 '시그니처'가 더 잘 발현된다는 것을 알고 있습니다.

저는 엄마로서, 아내로서의 정체성도 있습니다. 사실 엄마나 아내로서의 역할은 서툴고 헤맬 때가 많습니다. 그러나 그것이 제 자존감을 낮추지는 않습니다. 저는 직업인으로서의 정체성에서 나의 시그니처가 중심축으로 존재하고 있고, 이 역할을 잘 수행하는 데서 느끼는 성취감이 있습니다.

"저에게는 도통 나만의 시그니처가 없습니다"라고 말하는 이도 있습니다. 낙담할 필요가 없습니다. 왜냐하면 이 시그니처가 만들어지는 데는 꽤 시간이 걸리기 때문입니다. 다양한 경험을 통해 사회적 자아가 제대로 형성되기 전까지는 어떤 것이 나의 시그니처가 될 수 있을지 알기 힘듭니다.

"저는 자신을 잘 모르겠어요." "저는 꿈이 없어요. 딱히 되고 싶은 게 없어요." 이런 말을 하는 분들이 많습니다. 특히 10대들은 대부분 이럴 거라고 생각합니다. 저는 10대들이 꿈이 없는 게 자연스러운 일이라고 생각합니다. 부모, 학교, 미디어 등에서는 하루라도 빨리 자신의 꿈을 찾고 진로를 정하고, 그것을 달성하기 위해 노력해야 한다는 말을 많이 합니다. 그런 청소년은 소수에 불과합니다. 자신의 적성, 흥미, 장단점을 발견하려면 다양한 조건에서 긍정적인 경험을 해봐야 하는데, 당연히 청소년 시기에는 그런 경험치가 낮을 수밖에 없습니다. 20대 때는 10대 때보다는 낫겠지만 그래도 비슷합니다. 외래에서 만나는 환자들에게 "본인의 성격이 어떠하냐"고 물어보면 "잘 모르겠다"는 대답이 대부분입니다. 그들은 이제 자기만의 시그니처를 찾는 과정이 시작된 사람들입니다. 부모로부터 벗어나 자기만의 역사를 새로 써가야 하는 출발점에 섰습니다.

　정신과에 오는 환자들 중에 이미 성인인데도 부모와 함께 오는 사람들이 꽤 됩니다. 아픈 사람에게 보호자가 필요할 수도 있겠지만, 어떨 때는 대학에서 학점이 안 좋으면 담당 교수에게 전화를 거는 학부모를 보는 것 같은 느낌이 들 때가 있습니다. "본인 성격이 어때요?"라고 묻는 말에, 옆에 앉은 부모님이 "우리 애는 착한데 친구를 잘 못 사귀어요. 성격이 너무 순해서 맨날 다른 사람들에게 당하고 살아요" 이렇게 말하는 것입니다. 묵묵히 입을 다물고 있는 자녀가 답답해서 부모가 대신 말을 해주는 거지요. 이것뿐이겠습니까. 나이가 마흔이 넘어가도 많은 부분에서 자기가 해야 할 선택과 역할을 부모가 대신 정하고 간섭하는 삶을 사는 이들이 많습니다.

성인이 된다는 것은 자신의 가치관과 타인의 가치관이 분리되는 일입니다. 그렇게 자신이 만든 가치관을 부모가 존중하지 않으면, 자기 가치와 자기 효능감이 떨어집니다. 부모와 자식이 비슷한 가치관을 가질 수도 있지만, 그 비슷한 가치관을 나의 가치관으로 받아들이고 변형하는 과정은 결국 자기 몫입니다.

부모와 내가 분리되지 않는 사람은 연인 혹은 배우자와의 관계에서도 분리를 못 해서 상대에게 과도하게 의지하는 경향을 보이기도 합니다. 회사 일을 하면서도 조직과 나를 분리 못 해 회사가 조금이라도 자신에게 부정적인 피드백을 하면 심하게 괴로워하고, 상황을 객관적으로 받아들이지 못하는 등의 문제가 생깁니다.

가치관 분리를 겪지 못하고 10대, 20대, 30대를 보낸 사람이 자신의 인생에서 열정을 가지기란 쉽지 않습니다. 스스로 뭘 잘하고 취향이 어떠한지 등등, 자기 자신을 알아가는 과정과 경험을 박탈당한 거지요. 그러다 보니 자신의 의미와 가치가 뭔지 모르게 됩니다. 자신에게 영향력을 미치는 타인의 가치관을 비판 없이 그대로 수용하게 됩니다. 자기만의 시그니처를 만들 시간을 갖지 못합니다. 그러다 보면 삶에 대한 열정을 가지기가 쉽지 않습니다. 왜냐하면 열정은 스스로가 적극적으로 선택하는 가치이기 때문입니다. 무난하고 유복하게 살아온 사람들이 어느 순간 인생에서 허무함을 느낀다면, 스스로 가치관을 정립하고 그를 바탕으로 삶에 대한 열정을 키우는 경험을 거치지 못했을 확률이 큽니다. 그러면 특별한 상처가 없다고 해도 자기 자존감이 떨어진다고 느끼게 되는 것이지요.

저를 찾아온 한 여자 환자분은 로스쿨을 가고 싶어 했습니다. 잘나가는 커리어 우먼이 되는 것이 목적도 아니고, 유명 대형 로펌에 들어가서 돈을 많이 버는 것도 목적이 아니고, 판검사가 되어 정의로운 사회 실현을 하겠다는 것도 목적이 아니었습니다. 왜 로스쿨에 가고 싶냐는 질문에 "취직은 하기 싫고 남들이 많이 가기에 나도 그냥 가려고 한다"고 말했습니다. 자존감이 너무 낮은 사람은 인생의 목적이 없는 경우도 많습니다. 이런 이들은 자기만의 시그니처를 가져야 할 필요성 자체를 느끼지 못합니다. 무기력한 상태에 머뭅니다.

자신의 시그니처를 알고, 그것을 찾아가고, 갖게 된 사람은 열정적입니다. 나만의 자존감을 가진 사람들은 자기 삶에 열정이 있습니다. 경쟁이 치열한 시대여서 열정이라는 말에 대한 거부감을 느끼는 이들이 많습니다. 하루하루를 버티는 것만 해도 쉽지 않고, 매일 쌓이는 피로를 애써 이기는 것도 힘든 시대에 어떻게 열정을 가질 수 있냐고 반문합니다.

열정이란 대단한 것이 아니라 무엇인가를 소중히 여기고, 집중하는 능력입니다. 아무리 힘든 상황이 닥치고 모욕을 받고, 부당한 대우를 받더라도, 자신이 무엇인가를 소중하게 여기고 집중할 수 있으면 그 상황을 이겨낼 수 있는 바탕이 됩니다. 그 집중하는 대상이 자기 자신인 것이 자존감입니다.

이렇게 생각하면 자존감을 갖는다는 게 어려운 일이 아닙니다. 일상을 소중하게 여기고 잘 가꾸는 이들을 보면, 그들이 대단한 성공을 거둔 사람들이 아님에도 불구하고 자존감이 높다는 것을 느낄 때가 많습니다.

나는 얼마든지 바뀔 수 있다

자존감은 사회적 자아 형성과 관련이 있는 만큼, 타인과의 관계에서 긍정적 경험을 얼마나 하느냐가 중요합니다. 긍정적 경험을 가지려면 우선은 타인과의 관계를 다양하게 경험해봐야 합니다. 타석에 들어서는 횟수 자체가 적다면 안타를 칠 확률이 낮듯이, 삼진을 당하더라도 방망이를 휘둘러봐야 하는 것입니다.

　오늘날이 젊은 세대가 살아가기 팍팍한 세상이라면, 그건 그들이 성공할 확률이 낮아서가 아니라 실패를 경험한 후 다시 도전하고, 또 실패해도 되는 시기라는 것을 용인하지 않기 때문입니다. 이력서에 단 한 줄의 실수나 공백 없이 성공 이력만 빼곡히 채워야만 할 것 같은 불안감이 있습니다. 취준생으로 지내는 백 수 생활의 공백을 없애기 위해 졸업 유예라는 제도까지 있는 상황입니다.

이런 불안감은 햇빛만이 아니라 바람과 비도 맞아야만 만들어질 수 있는 자존감의 형성을 가로막고 있습니다. 정신과 의사로서 제가 하는 일은 결국 그 불안을 걷어낼 수 있는 사람은 오로지 당신 자신뿐이라는 것은 알려주는 일일지도 모릅니다.

20, 30대가 되면 드디어 '자신이 선택한 관계'가 만들어집니다. 10대 때의 친구들은 많은 경우 내가 어디에서 사는지에 따라 예상되는 관계입니다. 학교 친구, 학원 친구 등의 관계는 싫다고 해도 어쩔 수 없이 마주해야 합니다. 학교에 가면 정말 보기 싫은 친구가 있는데 피할 방법이 없습니다. 내가 무기력한 미성년이라는 사실이 너무나도 싫습니다. 이때 일어나는 갈등은 수동적인 상황 자체에서 오는 갈등이기도 합니다.

그러나 청소년 시기에서 벗어나 성인이 되면 자신이 선택한 관계에서 오는 문제를 마주해야 합니다. 내가 좋아서 누군가와 관계를 맺었는데 그 관계가 나를 괴롭히는 일이 벌어지면 '바보 같지, 나쁜 사람인지 알아보지도 못하고' 하며 자책하게 됩니다. 가장 대표적인 것이 바로 배우자 혹은 배우자 가족과의 관계입니다. 내가 선택했음에도 문제가 있는 가족 관계가 형성되면, 그것만큼 자존감이 훼손되는 일이 없습니다.

정신과를 찾아오는 환자들 중 많은 경우가 결혼 후 시댁 혹은 처가와의 갈등, 배우자와의 갈등을 겪습니다. 아침 드라마에 나오는 막장 스토리가 꾸며낸 이야기가 아니라 생생한 현실이 되어 나타납니다. 수연 씨는 친정 부모로부터 받는 스트레스가 너무 커서 도망가듯이 결혼한 경우였습니다. 결혼 후 심한 고부 갈등과 남편의 폭력 때문에 이혼했습니다. 혼자 아이를 키우고 작은 인테리어 회사를 운영하면서 힘든 시기를 거쳤습니다. 지금은 그 어려움을 이겨내고 자기 삶을 잘 꾸려나가고 있습니다. 수연 씨는 이혼을 결심한 순간을 이렇게 기억하고 있었습니다.

"제가 몸살이 나서 누워 있었는데 하루가 지나니 남편이 인상을 쓰더라고요. 집구석이 제대로 안 굴러가니 불편하다고요. 그 순간 내가 어떤 취급을 받고 살고 있는지 깨달았어요. 그때가 이혼을 결심한 결정적인 순간이었던 것 같아요."

수연 씨의 경우 이혼 후 자립에 성공하면서 자존감을 회복한 경우이지만, 이와 유사한 상황에 놓여 있으면서 어떻게 이 문제를 해결해야 하는지 알지 못해 힘들어하는 사람들이 많습니다. 처음부터 '좋은 사람'을 만나는 게 답이겠지요. 그렇다면 좋은 사람인 것을 어떻게 알아볼 수 있을까요. 혹은 좋은 사람을 어떻게 만날 수 있을까요. 살아보기 전에는 알 수 없다는 말도 있지만, 사람들은 결국 비슷한 유형의 사람들끼리 끌어당깁니다.

좋은 사람을 만나려면 먼저 좋은 사람이 되라는 말이 있는 것처럼, 나를 존중하는 사람과 관계를 맺고 싶다면 나부터 자존감이 높은 사람이 되어야 합니다. 자존감이 높은 사람은 자신을 존중하는 사람을 좋아합니다. 당연히 자존감이 높은 사람은 상대방인 나를 존중할 것입니다. 자존감이 높은 사람은 대인관계를 아무하고나 맺지도 않습니다. 자존감이 높은 사람은 주변에 친구가많든 적든 외로움을 느끼지 않습니다.

반대로 자존감이 낮은 경우를 생각해봅시다. 자존감이 낮은 상태일 때는 대화를 할 때 무심코 들은 사소한 말 한마디에도 과하게 반응하게 됩니다. 별거 아닌 일에 토라지거나 서운해집니다. 연애할 때나 직장에서 보면 할말이 있는데 정작 앞에서는 말하지 않고 두고두고 쌓아놓았다가 나중에 한꺼번에 펑 터뜨려서 상대방을 당황하게 만드는 경우도 있습니다. '어차피 내가 말해봐야 안 들을 건데'라는 생각 때문에 할말이 있어도 참는 것입니다. 오래 참았던 일이기 때문에 한꺼번에 터트릴 때는 그 정도가 과하게 됩니다.

자존감이 낮은 경우, 관계 그 자체에만 매몰되는 경우도 생깁니다. 상담 치료를 요청하는 이들 중에는 연애 관계로 인한 고통을 이야기하는 경우가 많습니다. 나쁜 연애의 패턴을 반복하는 경우에서부터 원치 않는 관계에 끌려다니는 경우까지, 그 유형은 다양합니다. 그중 상대를 미워하면서도 헤어지지 않으려고 하는 유형이 있습니다. 때로는 공격적인 성향을 보이면서까지 상대를 붙들어 두려고 합니다. 실패한 연애로 자신의 자존감이 훼손되었다고 생각하고, 그 책임을 상대방에게 물으려고 하는 것입니다.

실패한 연애는 당연히 떠나보내야 합니다. 만약 상대방이 잘못한 일이 있다면 사과를 받고 그에 맞는 책임을 물으면 됩니다. 그런데 상대를 원망하면서도 관계를 끊지 않으려고 하는 유형의 사람들이 있습니다. 남녀를 가리지 않고 이와 같은 유형은 나타납니다. 일종의 관계 중독 현상입니다. 관계 중독은 정식 심리학 용어는 아닙니다. 하지만 이렇게 말하면 환자분들이 빠르게 자신이

처한 상황을 이해합니다.

'금사빠'라는 말이 있습니다. 금방 사랑에 빠지는 사람을 줄여 부르는 말입니다. 이런 이들 중에는 이성에게 호감을 느끼면 최대한 빠른 신체적 접촉을 통해 그 호감을 확인하려고 하는 경향도 나타납니다. 관계를 맺고 있다는 느낌 자체에만 몰두하는 것입니다. 이런 관계 중독 경향이 심한 이들은 헤어지고 나서 속상한 감정에 울고 화내면서, 사실은 그 아픈 감정 자체를 즐깁니다. 이건 냉정하게 말하면 자해와 비슷합니다. 부정적인 감정일지라도 아무 감정이 없어서 허무한 것보다는 더 낫다고 생각하며 추구하는 것입니다. 이런 증상을 겪는 사람들을 살펴보면, 감정을 곱씹고 곱씹으면서 자신의 감정을 증폭시키는 경우가 많습니다.

이는 소속감 결여 문제와도 관련이 있습니다. 10대 때는 강제된 소속감이라도 있지만, 성인이 되면 스스로 소속감을 찾아야 합니다. 그것을 찾지 못한 상태에서 자신이 유일하게 느끼는 소속감인 사적 관계에 단절이 오게 되면, 이로 인한 공허함을 견디지 못하는 것입니다.

혼자 있는 외로움을 못 견디는 사람들이 있습니다. 이들은 이성 친구를 끊임없이 사귀는데도 공허함을 느낍니다. 심지어 동거를 해도 우울함과 불안감은 지속됩니다. 본인의 외로움을 타인을 통해 해결하려 하나 이는 처음부터 불가능한 일입니다.

자존감이 높은 사람들은 심리적 독립성도 높습니다. 나와 남의 거리를 조절할 줄 알며 나와 다른 타인도 그 자체로 오롯이 존재하는 의미 있는 존재임을 압니다. 거리를 조절한다는 것이지, 멀리 거리를 두라는 뜻이 아닙니다. 최근 많은 심리서들이 타인에게 상처받지 않기 위한 '적절한 거리'를 강조하고 자기중심성을 강조하는데, 이에 대한 이해가 많이 왜곡되어 있는 것을 볼 때가 있습니다.

에리히 프롬의 『사랑의 기술』이라는 책에는 이런 대목이 나옵니다. "사랑을 하려면 먼저 혼자 서 있어야 한다." 여기에서 말하는 '혼자'라는 의미는 '아무리 사랑해도 남은 남일 뿐이다'라는 냉소적인 의미는 아니라고 생각합니다. 자율적인 인간이 되라는 말입니다. 타인을 밀어내라는 것이 아니라, 거리를 조절할 수 있다는 자기 능력에 대한 믿음이 필요합니다. 사랑하는 연인과 가깝게 있어야 할 때도 있고, 각자의 삶과 독립된 가치관을 인정하면서 거리를 둘 때도 있습니다. 그 거리가 가깝다고 내가 종속되는 게 아니고, 거리가 멀어진다고 해서 연인 관계가 옅어지거나 훼손되는 게 아닙니다. 공간적으로 표현하면 나와 상대의 교집합, 즉 같은 부분에만 집중하지 말고, 연결되어 있으나 대등하게 존재하는 합집합 상태에서 안정감을 느낄 수 있어야 한다는 것입니다.

어쩌면 자존감이란 외로워질 용기일 수도 있습니다. 혼자 있으면서도 고립감을 느끼지 않고 나와 상대가, 내가 세상과 연결되어 있음을 느끼고, 나의 미래를 꾸려나갈 수 있다는 믿음이 있어야 합니다.

"어떤 사람과 연애를 하면 좋을까요"라는 질문에 대한 답은 단 하나입니다. "자기 자신을 존중할 줄 아는 사람과 연애하십시오." 자기를 존중할 줄 모르는 사람은 타인을 존중할 줄도 모릅니다. 가짜 자존감으로 무장한 이들도 경계해야 합니다. 이런 이들은 상대의 다름을 인정해주지 않기 때문입니다. 이미 앞에서 자만심, 이기성, 공격성과 같은 특징이 자존감이 아니라고 이야기했습니다. 자기 연민이 심한 사람도 주의해야 합니다. 사랑이라는 감정은 상대방에 대한 이해를 우선으로 하는 사람들이 만날 때 지속성을 갖습니다.

부부 치료를 하러 오는 사람들이 많습니다. 서로 성격이 너무 다르다. 살아온 환경과 가치관이 다르다. 이와 같은 이야기를 늘어놓습니다. 듣다 보면 자신의 문제보다는 상대의 문제를 지적하는 내용이 거의 전부를 차지합니다. 이미 상대를 공격할 목적으로, 자신과 다른 부분을 찾는 데 집중하고 있습니다. 이런 상태로 오는 경우가 많기에 부부 치료는 생각보다 성공하기가 어렵습니다. 부부 상담 클리닉은 많이 늘어나고 있지만 실제 정신과 전문의들이 이 문제를 다루는 경우는 적은 편입니다. 왜냐하면 결국 문제는 '나 자신에게' 있지, 상대방에게 있는 것이 아니기 때문입니다. 부부가 함께 다녀야 치료가 된다고 생각하는 데에는, 상대에게 책임을 묻고 싶은 마음과 나를 측은하게 여기는 자기 연민이 함께 녹아 있습니다.

"어떻게 저렇게 생각하고, 행동할 수 있죠?" 병원에 오는 부부들이 가장 많이 하는 말입니다. 과거의 나와 오늘의 나도 매우 다른데, 아무리 오래 산 부부라고 해도 당연히 서로 다른 사람입니다. 같은 점보다 다른 점이 더 많을 것입니다. 사람과 사람은 똑같아질 수 없습니다. 함께 사는 부부도 이런데, 연인 사이에 서로의 다름으로 인해 갈등이 일어나는 것은 너무 당연한 일입니다.

서로의 다름을 해결하는 가장 좋은 방법은, 상대의 다름을 내가 변화해야 하는 새로운 계기로 이해하는 것입니다. 그러기 위해서는 나 자신이 변화에 개방적이어야 합니다. 자존감이 낮은 사람들은 변화를 못 견딥니다. 내가 익숙한 대화법, 내가 익숙한 관계법, 내가 익숙한 연애 방식을 바꾸어야 하는데, 바꾼다는 것 자체가 싫습니다.

자존감이 높은 사람들에게 변화는 일종의 기회입니다. 자기 가치가 향상되는 것이 중요한 이들에게 변화는 가치를 향상시킬 수 있는 경험입니다. 타인의 생각과 가치관을 이해하고 받아들이는 건 타인에게 복종하는 게 아니라, 새로운 경험을 한다는 점에서는 시도할 만한 일이라고 생각하는 것입니다. 만약 이 변화가 자신에게 해가 되는 것이라고 판단된다면 그만두고 빠져나올 수 있다고 스스로 믿습니다. 그렇기 때문에 상대방과 교감하면서 자신을 변화하는 일에 거부감이 없습니다.

흔히 연애를 하면 상대를 나에게 맞추려고 하지 말고, 나를 상대에게 맞추라는 조언을 많이 듣습니다. 그건 나의 고유함을 버리라는 것이 아니라, 새로운 변화를 받아들이고 변화를 주도하라는 말입니다. 자존감은 자신이 변화를 주도할 수 있는 능력이 있다고 믿는 것입니다. 그렇기에 진짜 자존감을 가진 이와 관계를 맺고, 나 또한 그 관계를 통해 스스로가 변화하는 즐거움을 느낄 수 있어야 합니다. 이런 과정을 통해서 타인과의 관계에서 자기만의 시그니처가 만들어질 수 있습니다.

'여기에 있어, 할 수 있어'라는
마음에서 시작하기

나만의 시그니처를 갖기 위해 마지막으로 살펴보아야 할 것은 바로 소속감과 성취감 문제입니다. 자존감이 낮은 사람들이 자존감이 높아지게 된 계기를 살펴보면 많은 경우 소속감과 관련이 있습니다. 저를 찾아온 성소수자분들에게서도 이와 같은 점을 느낍니다.

"저는 무성애자인 것 같아요. 이성이든 동성이든, 가슴이 두근거린 적이 없어요. 누가 나를 좋아한다고 하면 불편하고 힘들어요. 저는 기독교 집안에서 자랐는데, 기독교에서는 동성애보다 더 나쁘게 생각하는 경우예요. 신의 섭리를 위반한다는 거죠. 저도 제가 어떤 능력이 떨어지는 사람이라고 생각했어요. 그런데 대학에 들어가서 다른 성소수자들이 있다는 것을 알게 되고, 그 커뮤니티 안에 들어가게 되면서 저 같은 사람들이 많다는 것을 알게 되었어요. 그리고 그분들 중에 자기 일을 잘 해내는 사람들을 보면서, 마음이 굉장히 편해졌어요. 저의 성적 정체성과 관계없이 제가 인생을 잘 살 수 있다는 기대가 생겼어요."

오프라인에서 만난 관계만이 아니라 온라인에서 만나는 집단도 소속감을 줍니다. 온라인 커뮤니티의 배타성과 폐쇄성에 대한 문제가 많이 지적되고 있지만, 자신과 유사한 생각과 유사한 취미를 가진 사람들과 어울리고 싶어 하고, 그로 인한 만족감을 추구하는 것은 본능에 가까운 일입니다. 소속감이 특정 집단에 속하는 것만을 의미하지는 않습니다. 문화적, 시대적, 지역적 소속감도 사람에게 중요하게 작용합니다. 핵심은 자발적이고 긍정적인 소속감은 자신이 가진 여러 정체성 중에서 '나만의 시그니처'를 형성하는 데 큰 역할을 하고, 이것이 곧 자존감의 형성으로 이어진다는 것입니다.

자존감에 대한 오해 중 하나가 '자존감이 높은 사람은 개별적인 행동을 좋아한다'는 것입니다. 그렇지 않습니다. 자존감이 높은 사람들은 자발적인 소속감을 중요하게 여기고, 강제된 소속감으로부터 벗어나려고 할 뿐입니다. 좋은 조직은 긍정적이고 자발적인 소속감이 형성될 수 있는 신호를 자주 주는 곳입니다. 과거에는 '운명 공동체'임을 강조하고, 조직을 위한 개인의 희생을 높게 평가하는 방식으로 소속감을 강조했습니다. 그러나 개인의 자존감이 중요해진 시대에 이와 같은 방식은 잘 먹히지 않습니다. 오히려 조직 구성원들의 소속감을 낮춥니다.

반면 소속감을 강조하지 않는 조직도 있습니다. 그래야 구성원들의 자율성과 개성을 인정해주는 것이라고 생각합니다. 더 창의적인 행동이 많아질 거라고 생각합니다. 그건 도리어 무책임한 것에 가깝습니다. 이렇게 되면 구성원들이 조직과 자신은 별개라고 생각하게 됩니다. 긍정적 소속감이 없으면 자연히 자존감이 낮아집니다. 그리고 이런 상황에 대응하기 위해 냉소적인 부정 정서를 표출하게 됩니다. 서로를 믿지 않으며 불안이 만연한 조직이 되는 것이지요. 이런 조직은 합리적인 비판과 규율이 없다는 특징도 있습니다.

소속감과 함께 성취감의 문제도 자존감과 관계가 깊습니다. 윤홍균 선생님의 『자존감 수업』이라는 책에는 "자존감을 낮추는 직장과 직업을 피하라"는 내용이 나옵니다. 감정 노동을 수행해야 하는 곳, 공무원 등이 대표적인 사례로 나옵니다. 저를 찾아오는 직장인들 중에도 비슷한 이야기를 하는 이들이 많습니다.

"자꾸 저더러 사람들은 눈을 낮추라고 하는데요. 제가 원하는 건 그냥 최저 임금 정도 주는 사무직 자리예요. 제가 컴퓨터 관련 자격증도 여러 개 있고 대학도 경영학과를 나왔어요. 그런데 그런 사무직 자리가 아예 없어요. 이력서를 넣어도 면접 오라는 소리를 들어본 적이 없어요."

"백화점에 가서 물건을 보여달라고 할 때도 항상 붙는 말이 '죄송하지만'이에요. 은행에서 불만을 제기하는 고객들을 상대하면서 항상 시작하는 말이 '죄송하지만'이거든요. 어딜 가나 자동으로 이 말이 튀어나와요. 저만 그런 게 아니고 우리 은행에 있는 직원들은 다 이 말을 입에 달고 살아요."

젊어 고생은 사서 한다는 말은 반만 진실입니다. 20, 30대는 직업인으로서의 자아가 형성되는 시기입니다. 이때 나만의 장점을 존중하고 나의 부족한 점을 함께 성장시키려는 이들을 만나는 것은 자존감의 커다란 자산이 됩니다. 사회적 직업인으로서 내가 갖는 가치와 잠재력을 긍정받았기 때문에, 이후에 어떤 곳에 가더라도 흔들리지 않고 헤쳐 나갈 수 있는 에너지를 갖게 됩니다. 그런 점에서 부장을 존중하는 조직이 아니라 신입 사원을 존중하는 조직이 집단적 자존감이 더 높을 거라 생각합니다. 안타깝게도 이렇게 나를 존중해주면서 직장이 안정되고, 정년도 보장되며, 사회적 인정과 연봉도 높고, 조직 분위기도 좋은 곳을 찾기란 어렵습니다.

그렇다 해도 저는 20대들을 만나면서 너무 험악한 일자리에서 사회를 처음 경험하는 건 좋지 않은 것 같다고 자주 느낍니다. 사실 인생에서 매우 예외적일 수 있는 부정적 콘텐츠를 맨 첫 경험으로 마주하게 되면, 이후에 좋은 경험을 하더라도 그 부정적 경험을 상쇄하기가 힘든 것 같습니다. 부정적 경험이 뿌리 깊게 박히게 되면, 일을 하기 전부터 일을 두려워하는 자세가 자리 잡습니다. 이런 자세는 '나는 해낼 수 있다. 나 자신을 사랑하라'고 아무리 자기를 다독여도 잘 사라지지 않습니다.

사실 직장을 가려서 갈 수 없습니다. 어디든 가기만 해도 다행인 시대이기도 합니다. 때로는 자신에게 시련이 되는 경험을 해보는 것도 필요합니다. 그렇지만 힘든 사회생활 중에도 자기 가치와 자기 효능감을 키울 수 있는 성취감을 느끼기 위해서는 몇 가지 기준을 가지는 것이 중요해 보입니다.

우선 역할과 지위를 혼동해서는 안 됩니다. 내가 어떤 직업적 전문성을 가진 사람으로 성장할 것이냐가 역할의 문제라면, 대기업이냐 중소기업이냐, 사원이냐 대리냐는 지위의 문제입니다. 자존감은 지위가 아니라 역할에서 생깁니다.

또한 사회적 직업인으로 성장하는 과정에서 자기 결정권을 늘려갈 수 있느냐 없느냐가 중요합니다. 병원에서 수련을 받는 인턴과 레지던트들의 자존감이 생각보다 낮은 이유 중 하나가 바로 자기 결정권이 약하기 때문입니다. 전문의가 되기 전까지는 끊임없이 선배들에게 돌팔이 취급받으면서 시키면 시키는 대로 해야 합니다. 사람의 생명을 다루는 일이라 조금의 실수가 용납이 안되기 때문입니다. 또한 그 과정에서 자기 결정권 없이 긴 시간을 열등감에 시달리며 살아야 합니다.

그런데 자기 결정권이 전혀 없는 환경에 너무 오래 놓이게 되면, 직업인으로서의 전문성과 실력도 늘지 않습니다. 저의 경우에도 치료의 형태를 내가 결정해가는 경험이 늘면서 자신이 쓸 만한 의사가 되어간다는 자존감도 회복할 수 있었고, 실력도 늘었습니다.

　예를 들어, 현장에 가보니 장기 입원이 필요한 치매 환자나 조현병 환자를 담당할 경우 의학적 상태 외에도 보호자의 경제적 능력을 파악하고, 그에 맞게 치료를 결정하는 것도 중요한 것임을 깨달았습니다. 환자만 보기에도 바빴던 저로서는 생각하지 못했던 지점이었습니다. 환자의 외부적 상황까지 고려하면서 치료 방식을 주도적으로 결정하는 제 자신을 보면서, 일에 더 큰 열의를 가지게 되었던 기억이 있습니다.

　이처럼 오롯이 이 일이 내 것이라는 성취감을 느끼면 그것이 아무리 소소한 성취라고 해도 자존감을 만들어가는 데 좋은 자양분이 됩니다. 자존감은 성취의 크기나 외부의 평가에 달린 게 아니라, '내 삶을 살아가기 위한 전반적인 능력이 있다'는 개념이기 때문입니다.

　간혹 나는 좋은 대학을 나왔는데, 왜 이렇게 거지 같은 일을 해야 하냐고 분노하는 경우를 마주할 때가 있습니다. 우선 정말 그 직장이나 그 일이 험악한 경우가 있습니다. 그런데 딱히 그런 문제가 없어도 '내 직업이 아닌 일'을 하고 있다는 생각이 들면 자존감이 떨어지고, 그 떨어진 자존감을 회사나 직업을 비난하고 비하하는 것으로 메우려는 경향도 발생합니다. 더 좋은 직장을 찾아 나서기 전에 과연 나는 어떤 직업 정체성을 추구하려고 하는지를 먼저 생각해봐야 합니다.

　뉴욕대학 경영학 교수인 에이미 브제스니에프스키(Amy Wrzesniewski)가 이끄는 연구진이 병원 청소부 28명을 대상으로 조사한 결과, 자신의 일을 천직으로 여기는 청소부는 자기 일을 의미 있는 직업으로 만들기 위해 애쓴다는 사실을 알게 되었습니다. 스스로 환자의 쾌유에 중요한 존재라 여기고, 시간을 효율적으로 배분하고, 다른 사람이 요청하기 전에 일을 찾아서 하는 방식으로 말입니다.

　아마 이게 내 천직이라고 느낌을 받는 직업을 쉽게 찾기란 어려울 겁니다. 직업도 그런데 나에게 맞는 직장을 찾는 건 더 어렵습니다. 특히 취업문 자체가 좁을 때는 일과 관련된 모든 것이 스트레스로 다가옵니다. 정답은 없겠지만, 자존감의 측면에서 일의 문제는 회피해서는 안 되고 똑바로 직면해야 합니다. 일의 문제는 제쳐두고 개인의 감정만 다독이는 것으로는 절대 자존감이 생기지 않습니다.

아주 작은 일이라도 '나의 능력을 발휘할 수 있고, 나의 능력이 성장할 수 있다'는 것을 알려주는 곳이 중요합니다. 그런 곳에서 사회적 자아의 형성을 통해 나만의 시그니처를 찾을 기회를 갖지 못하고, 계속 더 나은 직장이 있지 않을까 하는 마음으로 옮겨 다니면 자존감이 형성되지 않는 상황이 발생합니다. 회사의 외적 조건들이 떨어진다고 해도 성취감을 느끼는 이들의 자존감은 떨어지지 않습니다. 그런 성취의 경험이 많은 이들은 만나보면 '자기만의 시그니처'를 갖고 있습니다. 그런 이들은 어떤 모욕적인 상황에서도 자존감을 지킬 수 있는 에너지를 갖고 있습니다.

그렇기에 많은 사람들이 "하고 싶은 일과 잘하는 일 중에 잘하는 일을 선택하는 게 더 현실적이다"라는 조언을 하는 것입니다. 10대 때는 꿈을 좇으라고 하면서, 좋아하는 일보다 잘하는 일을 선택하라고 조언하는 게 아이러니합니다. 이런 조언은 이상을 포기하고 현실을 선택하라는 조언이 아닙니다. 잘하는 일을 통해 성취감을 느낄 수 있어야, 이상도 성취할 수 있다는 뜻입니다.

자신만의 시그니처를 형성하고, 자존감을 키워가야 할 2030 세대인데, 무기력에 빠져 있는 경우를 많이 봅니다. 학습된 무기력(learned helplessness) 세대입니다. 학습된 무기력은 심리학자 마틴 셀리그만의 실험에서 온 용어로, 피하거나 극복할 수 없는 부정적인 상황에 지속적으로 노출되면, 나중에는 어떠한 시도나 노력도 결과를 바꿀 수 없다고 여기고 무기력해지는 현상을 말합니다.

　이 세대의 대부분은 자신이 잘하지 못하는 공부로부터 도망칠 기회가 전혀 없이, 계속해서 평가로 인한 열등감에 꼼짝없이 노출되어 왔습니다. 이렇게 학습된 무기력으로부터 벗어날 기회가 사회에 나와도 별로 없습니다. 금수저, 흙수저라는 단어를 통해 자존감의 중요한 토대가 되는 경제적 활동에서도 학습된 무기력을 느끼게 됩니다. 집단적인 만성 우울에 빠져 있습니다. 이 와중에 '뭐를 해도 나는 안될 거야'라고 생각하는 이들이 있고, 한편에는 과도한 기대와 칭찬하기로 '내가 왜 이런 취급을 받아야 해'라고 생각하는 이들도 있습니다. 두 가지 모두 자기 결정권이 없는 상태에 오랫동안 놓인 부작용입니다. 자존감을 갖고 싶다는 것은 이런 무기력함으로부터 벗어나고 싶다는 의지의 표출입니다.

그렇기에 내가 가진 다양한 정체성을 잘 활용할 나만의 시그니처를 찾고, 이를 바탕으로 나만의 자존감을 만들어야 합니다. 남들 눈에 보이기 좋은 것, 한순간 기분이 좋아지는 것만 찾아서는 안 됩니다. 나만의 좁은 세계에 나를 계속 머무르게 하는 것은 마음의 면역력을 더 약하게 만듭니다. 고통을 잊을 수 있는 진통제도, 고통을 치유하는 항생제도 되지 못합니다.

진짜 자존감의 네 가지 요소

그래서 오늘도 나는 숨을 쉽니다.
힘든 일 있어도 노래를 부릅니다.
자면서도 깨어 있습니다.

_이해인, 「희망은 깨어 있네」 중에서

나는 생각한다, 그리하여 존재한다

| 지성 |

어떤 자존감은 가짜고, 어떤 자존감은 진짜라는 표현은 다소 작위적일 수 있습니다. 그럼에도 불구하고 이와 같이 표현한 이유가 있습니다. 자신의 자존감에 아무 문제가 없음에도 불구하고 자존감이 낮다고 느껴 자기 비하로 발전하거나, 자존감을 키우기 위해 도리어 남들과 자신을 비교하면서 자만심을 키우거나, 혹은 '나는 무조건 옳다'라는 자기 암시로 인해 자신과 타인과 세상을 객관적으로 파악하는 능력이 떨어져서는 안 되기 때문입니다.

그렇다면 결국 '자존감'이란 무엇일까요. 자존감은 감정 상태가 아니라 생각하는 능력입니다. 우리가 자율적이고 자유로운 존재로 살아가기 위해 필요한 사고 능력에 가깝습니다. 그럼 자존감이라는 능력은 어떤 요소들로 이루어져 있을까요. '지금 내 힘으로' 자존감을 키우기 위해 주목해야 할 요소들은 무엇일까요. 저는 네 가지를 꼽습니다. 지성, 긍정 정서, 도덕성, 자기 조절력입니다.

먼저 '지성'입니다. 정신과 의사가 지성의 중요성을 이야기하는 게 낯설 수도 있습니다. 흔히 인간에게서 이성과 감성을 분리하고, 정신과는 감성의 영역을 다룬다고 생각하기 때문입니다. 그러나 이성, 생각, 인지 등의 영역은 정신건강의학과에서 중요하게 다루는 주제입니다. 예를 들어 정신의학의 한 분야인 인지 요법은 이런 영역의 힘을 이용해 우울증을 치료하는 방법입니다. 인지 요법의 대가인 아론 벡의 말을 빌리면 "당신은 당신이 생각하는 방식으로 느낀다"라고 요약할 수 있습니다. 즉, 생각이 먼저고 기분이 나중이라는 것입니다.

데카르트의 유명한 명제 "나는 생각한다. 고로 존재한다"라는 말은 지성의 중요성을 단적으로 보여줍니다. 자존감을 높이기 위해서는 꽤 강도 높은 수준의 이성적 각성이 필요합니다. 불편한 일을 겪고 부정적 감정이 올라와도, 그것과 거리를 두고 상황을 이성적 수준에서 파악할 수 있는 인지 능력이 필요합니다. 수준 높은 각성 상태가 부정적인 상황에서도 나를 지키는 자존감으로 작용합니다.

우리가 어떤 불편한 감정을 느낀다고 해도, 어떻게 사고하느냐에 따라 그 감정은 달라질 수 있습니다. 모욕적인 일을 겪으면 누구나 기분이 불쾌합니다. 그러나 그 불편한 감정을 느끼는 것과 그로 인해 '나는 모욕적인 일을 당할 만큼 가치가 없는 사람이야'라고 사고하는 것은 다릅니다. 그 일이 어떻게 일어난 것인지, 왜 그 사람은 나에게 저런 행동을 했는지, 그리고 왜 나는 그 순간에 그렇게밖에 반응할 수 없었는지를 중심으로 사고하는 사람은 자존감이 훼손되지 않습니다.

감정을 다독거리는 일과 자존감을 분리해서 생각해야 하는 이유는 또 있습니다. "나는 괜찮다. 나는 괜찮다"라고 아무리 다독여도 자존감은 회복되기 힘듭니다. 괜찮다는 건 감정의 문제입니다. 우리가 "나는 괜찮다"는 위로를 언제 사용하겠습니까. 힘들게 살고 있을 때입니다. 그래서 괜찮다는 자기 위로를 뒤집어 보면 역설적으로 "나는 괜찮지 않다"는 말이 됩니다. 그래서 이런 자기 위로는 부정적인 감정과 멀어지게 하는 게 아니라 실제로는 계속 매여있게 합니다.

"나는 괜찮다"가 아니라 "나는 잘못되지 않았다"라는 말로 바꾸어야 합니다. 자기 위로를 자기 판단으로 바꾸어야 합니다. 그리하여 왜 불안하게 느끼는지 그 원인을 생각하고, 내가 느끼는 감정이 과한 것인지 아닌지, 정당한지 아닌지를 이성적으로 판단할 수 있어야 합니다. "나는 잘못되지 않았다"는 판단을 하게 되면 불안을 느끼게 한 원인에 대해 어떻게 대응할 것인지 생각할 수 있게 됩니다. 감정-이성-행동의 일치가 이루어지는 것이지요. 이 또한 지성의 힘이 강할 때 가능한 일입니다. 지성의 능력이 자존감과 관련이 높은 이유가 여기에 있습니다.

저는 "나는 잘못되지 않았다"는 말이 참 좋습니다. 내가 이혼을 했어도 승진에서 밀렸어도 주변인들이 무례하게 대해도, 잘못되지 않았다는 자기 개념이 있으면 큰 상처를 받지 않고 나를 보호할 수 있습니다. 억지로 괜찮다는 자기 위로가 아닌 나는 잘못되지 않았다는 자기 개념이야말로 손상된 자존감을 회복하는 혹은 자존감을 위로 끌어올리는 시작입니다.

지성은 사고하는 능력입니다. 이것이 지능을 의미하지 않습니다. 자존감이 IQ와 관계없다고 말한 것은 이 때문입니다. 지식의 양과도 관계가 없습니다. 주변에 보면 이른바 '걸어 다니는 백과 사전'을 자랑하는 분들이 간혹 있습니다. 서양사의 주요 사건들을 연도까지 줄줄 외웁니다. 온갖 분야에 박학다식합니다. 그리고 끊임없이 자신의 지식을 자랑합니다. 자신이 남들보다 더 우월한 존재라는 것을 확인하고 싶기 때문입니다. 이 사람은 자신이 가진 지식에 의문을 표하는 사람을 만나면 바로 공격적으로 변합니다. 자신을 무시한다고 여기기 때문입니다.

생각해보면 교과서에 실린 사실도 시간이 지나고 기술이 발전하면 바뀝니다. 천동설이 지동설로 바뀌고, 공룡이 파충류였다가 조류로 바뀝니다. 당연히 변화하는 지식과 정보를 다 따라갈 수 없습니다. 그렇기 때문에 인간은 달라진 것을 받아들이는 데 저항감이 덜해야 합니다. 내가 아는 것보다 모르는 것에 집중하는 아이들이 훨씬 더 높은 성취를 보여준다는 실험 결과는 수없이 찾아볼 수 있습니다.

지성의 사전적 의미를 찾아보면 "지각된 것을 정리하고 통일하여, 이것을 바탕으로 새로운 인식을 낳게 하는 정신 작용이다"라고 되어 있습니다. 지성을 갖고 있다는 것은 새로운 인식으로 나아갈 수 있는 정신적 동력을 갖추고 있다는 것입니다.

어린 시절에는 의심 없이 타인의 가치관을 그대로 받아들일 수 있습니다. 부모와 선생님이 알려주는 지식이 중요합니다. 인터넷에서 돌아다니는 지식도 그대로 흡수합니다. 그러나 지각 능력이 늘어나면 이것과 저것 사이의 불일치함을 발견하기도 하고, 직관적으로 의심하는 능력도 생겨납니다.

청소년 시기에 부모와 세상에 대한 반항심이 생기는 것은 좋은 일입니다. 부모의 생각과 가치관 외에 다른 생각과 가치관이 있다는 것을 깨닫는 과정에서 겪는, 일종의 성장통이기 때문입니다. 좋은 부모는 자기의 세계 안에 자녀의 한계를 설정하지 않습니다. 자신이 모르는 세계가 있고, 내 자녀가 그런 세계에서도 성장할 수 있다고 믿습니다. 이런 지지를 부모나 교사에게서 받지 못했다 해도, 어른이 되는 과정에서 스스로 자기만의 가치관을 만들어야 합니다. 높은 지성은 심리적 자립의 기반이 됩니다. 자율적으로 생각하게 될 때 더 창의적이고 상상력이 풍부해집니다.

자존감이 높은 사람들이 업무 성과가 좋은 것은 이 때문입니다. '뭔가 다른 측면은 없을까? 이건 의심해봐야 하지 않을까? 저 생각을 이렇게 바꿔볼 수 있지 않을까?' 자신이 받아들인 정보를 그대로 답습하거나, 그대로 행해야 하는 것으로 받아들이지 않고, 다르게 분석해보려는 습관이 있기 때문입니다.

상황을 객관적으로 파악할 수 있는 지성의 힘은 심리적 분리 능력도 키웁니다. 예를 들어 팀장이 나를 야단친다고 합시다. 내가 잘못한 부분은 있지만, 합리적으로 객관적으로 볼 때 이건 5분 동안 혼나야 할 일이라는 걸 판단하게 되면, 1시간이나 혼내고 있는 팀장이 무서운 게 아니라 이상하게 여겨집니다. 기분은 더럽지만, 그것 때문에 내 감정이 상하고 스스로를 자책하게 되지는 않습니다. 나의 잘못과 팀장의 상태를 분리할 수 있습니다.

　지성의 영역에는 비판적 사고도 중요한 부분을 차지합니다. 특히 이 능력은 예술 분야의 창작자에게 필수적입니다. 다만, 비판적 사고를 잘못 이해해서는 안 됩니다. 비판적 사고를 잘못된 점을 찾아내고, 오류를 지적하고, 문제를 일으킨 사람이나 사회에게 책임을 물어야 하는 것으로만 생각하는 경우가 있습니다. 비판적 사고라는 것은 다양한 측면을 보려고 하는 노력을 말하는 것이지, 문제점만 찾으라는 게 아닙니다.

　요즘은 초등학교 수업 시간에 토론 수업을 많이 합니다. 그런데 그 토론 수업을 흔히 찬반양론의 대립으로 설정하는 교사들이 많습니다. 저도 초등학교 아이를 둔 학부형인데, 과연 진정한 토론 수업인지 의구심이 들 때가 많습니다. 이런 식의 토론 수업에서는 자기 생각을 비판하는 이들을 자기 존재를 공격하는 것이라고 잘못 받아들이게 됩니다. 자존감을 가진 사람들은 당연히 1차원적으로 사고하지 않고, 이분법적으로 사고하지도 않습니다. 이를 넘어 다면적 사고를 추구합니다. 다면적 사고는 개방적인 심리 상태를 만듭니다.

정신건강의학과에서 정신분석에 적합한 사람으로 '심리적 마음자세(psychological mindedness)'가 있는 사람인지 아닌지를 봅니다. 정신분석이라는 건 결국 자기를 성찰하는 힘을 기르는 일인데, 이 과정이 잘 진행되려면 열려 있는 마음자세를 가진 사람이 더 적합합니다. 다면적 사고를 하는 이들이 이 심리적 마음자세도 갖고 있을 것입니다. 심리적 마음자세는 지성의 힘과 깊은 관련이 있습니다.

환자에게 심리적 마음자세가 필요하다면 정신과 의사에게는 끊임없는 지적 성찰을 위해 심리학적, 문화적, 사회적 다방면에 열려 있는 마음과 노력이 요구됩니다. 의사라고 모든 경우의 환자들을 다 경험한 건 아닙니다. 잘 모르는 일을 잘 아는 것처럼 이야기할 수 없습니다. 일단 내가 모른다는 사실을 받아들이고, 알아보려고 노력해야 합니다. 만약 입양아나 입양아의 부모가 방문을 한다면 이와 관련된 자료를 찾거나, 마땅한 자료가 없으면 입양 관련 카페나 커뮤니티에 가입해 열심히 그들의 세계를 간접적으로나마 들여다보려고 노력합니다.

자살을 시도한 성소수자가 환자로 방문할 경우, 그들을 이해하기 위해 유사한 사례들을 연구한 자료를 찾아봅니다. 그럴 때 정말 모르는 것에 대해 물어볼 수 있습니다. "제가 성소수자와 관련해서 질문이 있는데 해도 될까요? 제가 만난 성소수자분들 중에는 의외로 본인을 에이섹슈얼(asexual, 무성애자. 성적 욕망을 못 느끼는 사람)이라 말하는 경우가 많습니다. 그런데 왜 퀴어 축제와 같은 곳에서는 과도하게 섹슈얼한 퍼포먼스를 하는 건가요?"

이런 질문이 상대방에게 무례하게 들리지 않는 건, 우선 이 질문을 하기 위해 먼저 관련 내용을 열심히 찾아보고 고민했음이 느껴졌기 때문일 것이고, 질문이 편견을 드러내거나 어떤 입장을 가지고 평가를 하는 게 아니기 때문일 것입니다.

아마 제가 성소수자 환자들에게 그저 '나는 당신들을 이해한다' '나는 편견이 없다'는 것만 강조하는 식으로 접근했다면, 오히려 더 거부감이 들었을지도 모릅니다. 모르는 것을 인정하고, 더 잘 알기 위한 지적 노력이 그들이 겪는 문제를 솔직하게 나눌 수 있는 관계를 만들었다고 생각됩니다.

자존감 문제에서 지성의 역할을 이해하는 데에는 우울증 환자의 인지 왜곡 과정을 살펴보면 도움이 됩니다. 우울증을 겪는 환자들이 겪는 대표적인 인지 왜곡 증상은 다음과 같습니다.

- 임의적 추론 : 증거가 없거나 반증이 있는데도 마음대로 결론을 내리는 것.
- 선택적 추상화 : 자신의 부정적 시각에 맞는 상황 요소에만 집중하는 것.
- 과일반화 : 미미한 경험이나 사건에 근거하여 일반적인 결론을 돌출, 관련성이 없는 상황에서도 광범위하게 적용하는 것.
- 과장과 축소 : 어떤 사건의 중요성이나 정도를 심하게 왜곡하여 평가하는 것.
- 개인화 : 외부 사건을 자신과 관련지을 근거가 없는데도 이를 관련짓는 것.
- 흑백논리, 이분법적 사고 : 모든 경험을 '모 아니면 도' 식으로 양 극단의 범주 중 하나로 평가하는 것.

이런 인지 왜곡을 수정하는 것만으로도 우울증이 나을 수 있다는 것이 인지 행동 치료의 주요한 주장입니다. 정신의학적인 병이 인지 치료만으로 나을 수 있는 건 물론 아니지만, 지성의 힘이 높으면 이와 같은 인지 왜곡을 일으킬 확률을 낮출 수 있습니다.

자존감의 요소 중에 지성이 중요한 또 다른 이유는 지성 활동이 주는 즐거움 때문입니다. 프랑스의 지식인 로저 카유아는 인간을 이해하는 핵심에 바로 '놀이'가 있다고 했습니다. 놀이야말로 개인의 지적 발달과 정신 발달에 중요한 역할을 한다는 것입니다. 쉽게 말하면 놀이를 할 때는 누구도 이 놀이가 생산적이냐 아니냐, 잘하냐 못하냐를 따지지 않습니다. 놀이의 목적은 오로지 즐거움입니다.

여러 분야의 책을 읽고, 사람들과 열린 토론을 하고, 이런 일들은 꼭 자기계발이나 지식을 습득하는 공부의 목적만을 갖고 있지 않습니다. 지성을 높이는 활동은 마치 놀이와 같은 즐거움이 있습니다. 지적 유희라는 말이 있는 이유입니다. 자존감이 높은 이들은 유명한 사람, 돈이 많은 사람, 학벌이 좋은 사람을 찾는 게 아니라 자신과 함께 '지적인 유희'를 할 수 있는 사람을 찾습니다. 지성을 키우라는 게 어려운 책을 읽고, 고급문화를 즐기라는 것이 아닙니다. 타인의 평가로부터 자유로운 정신적 활동은 자신의 가치를 실감할 수 있게 하고, 그 가치를 느끼는 것이 바로 진짜 자존감을 갖는 일입니다.

로저 카유아가 놀이의 중요성에 대해 이야기한 대목 중에 중요한 부분이 하나 있습니다. 바로 놀이는 사람들로 하여금 평등함을 느끼게 한다는 것입니다. 지식을 자랑하는 것이 아니라, 그 자체로 지적인 유희를 즐기게 되면 누구와 만나더라도 콤플렉스를 느끼지 않게 됩니다. 세상을 해석하는 즐거움 자체가 중요하기 때문에, 어떤 누구와 대화해도 평등함과 자유로움을 느낄 수 있습니다.

실제로 외래에서 만난 사람들 중에 자존감이 낮았다가 높아졌다고 말하는 기점을 보면 자신의 지성에 대한 자신감을 얻었을 때가 많습니다. 특히 한국처럼 학벌 등으로 그 사람의 지적 능력을 평생 평가하는 사회에서는 좀처럼 스스로에 대한 자존감을 얻기 힘듭니다. 때문에 지성이 곧 학벌은 아님을 깨닫게 되는 것은 한국에서 살아가는 우리에게 매우 중요한 지점입니다.

"처음에는 미술관에 가는 게 어색했어요. 그런데 두 번째 갔을 때부터 재미있어지더라고요. 지금은 그림을 배우러 다녀요. 그림을 그리다 보니 그림을 보는 게 더 재미있어지더라고요. 그러다가 제가 그린 그림을 하나씩 인스타그램에 올리게 되었어요. 주로 인물 일러스트를 그렸는데요. 옷이나 액세서리 이런 것도 그려야 해서 나름 패션 쪽 공부도 하게 되었어요. 그러고 나니 제 머리 스타일, 화장, 옷차림을 두고 이래라저래라 하는 엄마의 잔소리에 스트레스를 덜 받게 되었어요. 예전에는 엄마가 저의 외모를 두고 뭐라 하는 말이 절대적인 명령처럼 느껴졌는데, 지금은 그렇지 않다는 것을 알아요. 저는 이제 뭐가 멋진지 제 나름대로 알 수 있을 것 같거든요."

진짜 자존감은 곧 지성의 힘이라고 강조하는 것은, 결국 행복해지려면 나만의 가치로 내 삶을 방어해야 하기 때문입니다. 명품 가방, 비싼 자동차, 평수가 큰 아파트, 명문대 학벌, 좋은 부모, 고연봉의 직장, 뛰어난 외모를 모두 가진 사람은 단언컨대 없습니다. 그런 것들을 가지지 못해 자존감이 낮은 게 아니라, 그것과 관계없는 나만의 가치가 무엇인지를 알고 있어야 합니다. 더 나아가 자기의 가치를 말로 설명할 줄 알고 글로 쓸 수 있는 단계까지 나아가면 그 사람만의 '시그니처'는 더 유니크해지고 더 단단해집니다. 훌륭한 작가들의 글과 말을 읽다 보면 마치 심리 상담을 받은 것처럼 큰 위로가 되고 힘이 생기는 것은, 바로 유니크한 지성의 힘이 강력한 영향력을 가지고 있기 때문입니다.

가짜 자존감과 진짜 자존감을 구분한다는 건,
곧 지성의 능력이 커지는 것을 의미한다.
자존감은 감정의 상태가 아니라 생각하는 능력이기 때문이다.

나쁜 감정을 접고 접어서
작게 만드는 능력
| 긍정 정서 |

두 번째는 긍정 정서입니다. 자존감은 곧 긍정적 정서를 느끼는 능력이라고 할 수 있습니다. 제가 '자존감은 곧 긍정 정서다'라고 말하지 않은 이유가 있습니다. 잘못 이해하면 부정 정서는 우리에게 필요 없는 것으로 이해될 수 있기 때문입니다.

긍정 정서는 말 그대로 만족감, 기쁨, 정의감, 공정함, 배려심, 숭고함 같은 것을 의미합니다. 인간이 행복하다는 것을 느끼게 해주는 여러 감정과 가치를 말합니다. 부정 정서는 죄책감, 후회, 원망, 불쾌감, 부조리함, 분노, 불안 같은 인간을 불행하게 하는 정서이겠지요.

긍정 경험이나 긍정 정서를 쌓는 일이 자존감을 높여주는 건 당연한데, 인간은 이상하게도 긍정 경험이나 긍정 정서보다는 부정 경험이나 부정 정서에 더 눈이 가고 끌립니다. 좋은 소식만 싣는 뉴스 사이트가 만들어졌습니다. 참혹하고 엽기적인 사건 사고로 도배된 뉴스들 말고 기분 좋은 내용으로 구성된 착한 뉴스들이 실렸습니다. 보기만 해도 기분이 좋아지는 스토리, 사진, 동영상과 같은 콘텐츠들이 실렸는데 얼마 안 가서 이 사이트는 문을 닫았습니다. 사람들의 인기를 얻지 못했던 것입니다. 셰익스피어의 4대 비극은 떠올려도, 희극 작품은 잘 모르는 것과 비슷합니다.

욕하면서 보는 드라마, '욕드'라고 부르는 막장 드라마들을 사람들이 왜 볼까요. 출생의 비밀, 재벌 3세, 삼각관계 정도는 이제 아무것도 아닙니다. 말도 안 되는 돌연사, 교통사고 등은 물론이고 귀신과 혼령이 나오기도 합니다. 이런 드라마는 꾸준한 인기를 얻습니다. 우리 일상도 비슷합니다. 연인과 한 번 싸우고 나면 그동안 잘 지냈던 수많은 나날은 깡그리 날아가는 것 같습니다. 엄마가 차려준 생일상은 기억에 잘 안 남지만, 말대꾸를 했다고 한 대 맞은 일은 평생 기억에 남습니다.

아동심리 전문가들이 하는 말이 있습니다. 열 번 아이에게 잘 해주려고 하지 말고, 한 번 야단치고 싶을 때 참으라고요. 그 말은 한 번 상처를 입으면, 열 번의 긍정적 경험이 있어야 그 상처가 잊힌다는 말이기도 합니다. 여기에서 우리가 기억해야 할 것은 자존감을 낮추는 부정 경험, 부정 정서에서 벗어나려면 긍정 경험과 긍정 정서를 갖도록 의식적으로 노력해야 한다는 사실입니다.

공황장애와 같은 병을 치료하는 방법에서도 긍정 경험이 매우 중요합니다. 희정 씨는 고등학교 졸업 후 옷가게에서 직원으로 일하다 아는 언니와 함께 직접 장사를 시작했습니다. 온라인 쇼핑몰도 만들고, 오프라인 매장을 열어 동대문을 오가며 열심히 팔았습니다. 그런데 그 언니가 수입을 몰래 횡령한 것을 알게 되어 동업을 접었습니다. 그 과정에서 당연히 동업자와 엄청난 다툼이 있었을 것입니다. 결국 그 언니가 돈을 떼먹고 도망가는 바람에 경찰에 신고까지 해야 했습니다.

형사 소송에 폐업에 그리고 믿었던 사람에 대한 배신감 등으로 극심한 스트레스에 시달리던 희정 씨는 갑자기 숨이 가빠지는 증상으로 병원에 오게 되었고, 적응장애와 공황장애 진단을 받았습니다. 계속 치료를 받으면서 증세가 호전되었지만, 희정 씨의 증세가 좋아진 데는 본인의 의식적인 노력이 컸습니다.

옷가게를 접고 아는 분이 하는 네일아트숍에서 직원으로 일하게 되었습니다. 의외로 손재주가 많아 네일아트도 금방 배웠고 솜씨도 금방 늘었습니다. 자신만의 단골도 생기면서 급여도 꽤 괜찮은 수준으로 올라갔습니다. 무엇보다 사장님으로부터 배우는 즐거움을 알게 되었습니다. 친절하지만 진상 손님에게는 단호하게 대하고, 희정 씨를 격려하면서도 꼼꼼하게 가르쳐주는 모습을 옆에서 보다 보니, 나도 다시 내 가게를 해보고 싶다는 마음이 생겨났습니다.

그때 마침 단골손님이 키우던 강아지를 못 키우게 될 상황에 처했는데, 희정 씨가 이 강아지를 키우게 되었습니다. 퇴근하면 강아지와 함께 산책하고, 강아지를 돌보면서 행복감을 느꼈다고 했습니다. 손재주 좋은 희정 씨는 강아지 미용을 직접 했는데, 그걸 본 다른 친구가 자기 강아지 미용도 해달라고 하는 일도 생겼습니다. 지금은 가게 일도 열심히 하면서 유기견 보호센터에서 봉사 활동도 하고 있습니다.

"이제 예전 동업자 생각이 하나도 안 나요. 그전에는 하루 종일 열받았다가 속상하다가 자괴감이 들었다가, 곱씹고 곱씹으

Lesson 4 : 진짜 자존감의 네 가지 요소

181

면서 하루를 다 보냈거든요. 가슴이 답답하고 숨이 막혀서 공황장애까지 걸렸잖아요. 이제 경찰에서 조사할 거 있다고 연락 오면 그런가 보다 해요. 돈은 아직 안 받았는데 못 받을 수도 있겠죠. 그래도 인생에서 좋은 경험 한 번 했다고 봐요. 인생 수업료치고 5백만 원은 싼 거 같아요. 일할 때는 잡생각이 안 들어서 좋아요. 제가 손재주가 좋은 줄 몰랐어요. 제가 할 수 있는 일이 늘어난 것 같아서 뿌듯해요. 유기견 후원 물건을 사면 너무 행복하고요."

공황장애로 처음 병원에 방문하는 환자들을 보면, 희정 씨가 그랬던 것처럼 첫 공황 발작 당시의 죽을 것 같은 극심한 공포 상황과 경험을 계속해서 곱씹습니다. 다른 생각을 하려고 해도 그 생각이 계속 맴돌고 공황장애와 관련된 이야기를 찾아 인터넷을 뒤지고 책을 찾습니다. 도저히 이 증상에서 벗어날 것 같지가 않습니다. 실제로 많은 분들이 공황장애의 첫 증상과 연결된 당시의 심리적으로 힘들었던 에피소드를 기억합니다. 오래 사귄 연인과의 이별, 나를 부모 대신 키워준 할머니의 장례식 등과 함께 첫 공황 발작을 경험하는 경우가 많습니다. 주로 상실이나 극심한 심리적 스트레스와 관련되어 있습니다. 물론 약물 치료를 통해 증세가 호전되는 것도 중요하지만, 동시에 의도적으로 긍정적인 경험을 만들고 일상에 집중하게 되면 어느 순간 약을 챙겨 먹는 것도 잊어버리게 됩니다. 공황장애는 절대 가벼운 병이 아닙니다. 그런 공황장애 환자에게도 가장 좋은 처방전 중 하나가 긍정적 정서를 키우는 것입니다. 긍정 정서를 쌓음으로써 부정적 정서를 접고 접어 작게 만들어서 축소시킬 수 있는 힘이 키워지는 것입니다.

여기에서 제가 강조하고 싶은 것은 이렇게 의도적인 긍정 경험과 긍정 정서를 갖기 위해서는 타인을 믿을 수 있는 능력이 필요하다는 사실입니다. '나를 믿어야 한다'는 마음이 잘못되어 '나만 믿어야 한다'로 굳어지고, 결국 '남은 남일 뿐이다'라는 마음을 갖게 되면, 긍정 경험과 긍정 정서를 갖는 데 방해가 됩니다.

〈완벽한 타인〉 같은 영화를 보면 사랑하고 서로 믿어야 하는 부부 사이도 믿지 말라는 메시지를 전합니다. 믿음과 배신은 인생에서 쌍으로 존재합니다. 희정 씨도 사람을 믿었다가 크나큰 상처를 받았습니다. 그 상처 때문에 이후에 만난 사장님에 대해 '저 사람이 나에게 잘해주는 건 믿으면 안 돼. 결국 나를 속이려고 할지도 몰라'라는 부정 감정의 벽을 치고 있었다면 희정 씨는 자존감을 결국 회복되지 않았을 뿐만 아니라, 더 높은 자존감을 형성하게 될 기회도 얻지 못했을 겁니다. '긍정의 배신'이라는 말이 있습니다. 이는 사회의 부조리함을 '긍정적인 마인드로 노력하지 않는 개인의 탓'으로 돌리는 풍토를 비판하기 위해 등장한 개념입니다. 그러나 내가 호구 잡히지 않는 것과 나의 삶을 긍정 경험과 긍정 정서로 채우는 것은 별개입니다.

특히 습관화된 부정 경험과 부정 정서는 긍정 경험과 긍정 정서로 대체될 때만 사라집니다. 『습관의 힘』이라는 책에 보면 이런 이야기가 나옵니다. 저자는 초콜릿 쿠키를 사 먹는 습관이 있었습니다. 이로 인해 계속 살이 찌고 건강도 나빠졌습니다. 초콜릿 쿠키를 끊으려고 아무리 독하게 마음을 먹어도 쿠키를 끊을 수가 없었습니다. 그래서 자신의 행동 패턴을 세밀하게 관찰해보니, 쿠키를 반드시 오후 3시에서 3시 30분 사이에 먹고 싶어 한다는 것을 알았습니다. 시간이 신호였던 것이지요. 그다음에는 쿠키를 사 먹으러 꼭 회사 카페로 간다는 사실을 알았습니다. 거기에서 동료들과 수다를 떠는 걸 좋아했던 것입니다. 동료와의 수다가 보상이었던 것이지요. 그래서 저자는 3시 30분쯤 되면 일어나서 사무실을 둘러보고 동료가 보이면 그곳으로 가서 10분 동안 수다를 떨다 돌아왔습니다. 신호와 보상은 그대로 두고, '초콜릿 쿠키를 먹는 행동'을 '수다를 떠는 행동'으로 바꾼 것입니다. 부정적 행동을 끊기 위해 긍정적 행동을 만들어준 것입니다.

부정 경험과 부정 정서를 주는 관계가 나의 자존감을 훼손한다면, 당연히 그 관계를 끊어야 할 것입니다. 그런데 그 관계를 끊기가 매우 어렵습니다. 나를 다른 형제와 비교하는 부모 때문에 괴롭지만, 그렇다고 부모를 만나지 않으면 가족에 속해 있다는 소속감이 사라집니다. 그럴 때는 다른 종류의 소속감을 느낄 수 있는 긍정적 경험을 만들어보는 것이 필요합니다.

"남편과 이혼을 하면 내 삶이 자유롭고 편하고 행복할 줄 알았어요. 근데 하나도 안 행복하고 우울해요. 남편에게 거머리 취급을 안 당해서 마음이 편하기는 한데 그뿐이에요."

수진 씨는 집안 형편이 어려워 일찍 취직한 여성이었습니다. 항상 돈을 요구하는 친정 부모로부터 벗어나기 위해 20대 초반에 결혼했습니다. 자기를 좋아한다며 따라다닌 남자였으니 행복할 거라 생각했습니다. 그러나 전업주부가 되면서 자기가 쓰는 돈마다 남편에게 허락을 받아야했습니다. 친구와 카페에서 만나 커피라도 한잔하고 신용카드로 결제를 하면, 그 내역이 남편의 핸드폰으로 전송이 되고, 남편에게 전화로 "왜 쓸데없는 데 돈을 쓰냐"고 잔소리 듣는 인생을 살았습니다. 그런데 막상 이혼을 해도 인생이 행복하지 않았습니다. 이제 남편의 잔소리도 없는데 왜 나는 행복하지 않은 걸까요.

　이런 사례는 의외로 꽤 많이 볼 수 있습니다. 나를 죽도록 괴롭히는 상사가 있는 회사로부터 벗어나 다른 회사로 이직했는데도, 이상하게 회사를 다니는 게 즐겁지가 않고, 재미가 없다는 이들이 있습니다. 자신이 갖고 있는 긍정 경험과 긍정 정서의 목록이 약하기 때문입니다. 그 목록이 늘어나지 않으면 부정적인 상황에서 벗어난다고 해도 자존감을 회복하기가 어렵습니다.

남에게 휘둘리지 않는 나의 윤리

| 도덕성 |

세 번째는 도덕성입니다. 자존감 문제에 왜 도덕성이 나오는지 의아할 것입니다. 이게 무슨 권선징악을 이야기하는 전래동화 같은 이야기일까 싶습니다. 특히 자존감을 '자기중심성'으로 이해하는 사람은 더욱 이해가 안 갈 것입니다. 남들에게 나쁜 짓을 하지 않는 것과 자존감이 무슨 상관일까요. 자존감을 갖고 있다는 것은 곧 자기 윤리를 갖고 있다는 것입니다. 자존감은 자신을 소중하게 여기는 마음인데, 자기 윤리가 약하면 스스로를 '후진 사람'이라고 생각하게 됩니다.

편법으로 돈을 많이 번 사람, 다른 사람을 이용해서 자기 이익을 챙긴 사람은 언젠가 나도 피해자가 될 수 있다는 생각을 갖게 되고, 세상 사람들도 대부분 나처럼 비도덕적일 거라는 생각을 갖게 됩니다.

내가 윤리적이라고 해도 비도덕적인 사람과 함께 있으면 자존감이 훼손되기 쉽습니다. 연인이 비도덕적이거나 상사가 비도덕적이면, 이런 사람과 함께 있어야 하는 나 자신이 한심하게 느껴집니다. 내가 뭔가 부족한 사람이어서 이런 관계를 유지해야 한다는 생각이 들면 자기 가치감과 자기 효용감이 떨어집니다.

최근 비윤리적인 기업에 대한 반감이 큰 것은 이런 현상과도 관련이 있습니다. 그와 같은 기업의 제품을 사거나, 그와 같은 기업에서 일하는 것은, 자존감의 문제가 중요한 시대를 살아가는 이들에게는 중요한 요소이기 때문입니다.

간혹 제가 접하는 회사 CEO들 중에 '회사가 직원들 월급 많이 주면 되지. 윤리적인 게 무슨 소용이냐. 깨끗한 척하다가 직원 월급 못 주는 게 더 나쁜 거다'라고 생각하는 분들이 있습니다. 이런 회사에는 정말 좋은 사람들이 취직했다가도 조용히 떠나갑니다. 자신처럼 비윤리적인 사람만 남습니다. 그걸 CEO나 관리자들만 모를 뿐입니다.

앞에서 말했듯이 자존감은 성공한 삶을 살 때 필요한 능력이 아니라, 내가 어려운 상황에 처했을 때 필요한 능력입니다. 윤리적인 조직이나 개인은 어려움을 이겨내는 힘도 강합니다. 왜냐하면 도덕성은 책임감과 매우 관련이 깊기 때문입니다. 도덕성은 단지 거짓말을 하지 않고 남을 속이지 않는다는 것을 넘어 공정함, 고귀함, 공동체적 가치, 배려 등의 가치로 이루어져 있습니다. 도덕성이 낮은 사람은 이타적 능력이 떨어지기 마련이고, 이타적 능력이 떨어지는 사람은 남은 물론 자신을 존중하는 능력이 떨어집니다.

간혹 유부남과 사귀는 문제로 괴로워하는 환자들이 있습니다. 왜 괴로워할까요. 그 남자가 나를 사랑한다는 사실을 믿을 수가 없기 때문이고, 그 사람이 누군가를 속이듯이 나도 속일 수 있지 않을까라는 불안함이 있기 때문입니다. 무엇보다 스스로가 하찮은 사람이 된 듯한 기분이 듭니다.

도덕성의 문제는 소속감과도 관련이 있습니다. 가족, 친구, 지인들과의 대화에서 계속 거르고 눈치 보고 숨겨야 하는 일이 있게 되면 소속감이 떨어집니다. 그런 인생을 살면, 혹여 이 거짓말이 탄로 났을 때 겪어야 하는 어려움에 대한 불안을 안게 됩니다. 도덕적인 사람일 경우 자신의 뜻과 의지에 따라 내 인생을 좌우지할 수 있는데, 도덕성이 낮으면 타인에게 인생의 약점을 잡힌 지라, 타인과 세상에 의해 내 인생이 좌우지되기도 합니다.

　물론 이런 불안은 아랑곳하지 않고 자신의 행동을 합리화하면서 사는 이들도 많습니다. 그런 합리화가 지나치면 어느 순간 자신이 무엇을 잘못했는지조차 전혀 느낄 수 없는 상황에 처하기도 합니다. 유명 인사들의 잘못된 행동에는 이런 측면이 많습니다. 보통 사람들의 눈에는 이해할 수 없는 일인데 '내가 이런 행동을 하는 데는 그만한 이유가 있어'라는 자기합리화가 내면화되어, 이미 객관적으로 자신의 행동을 판단할 수 있는 능력을 상실하게 되는 것입니다.

　그런 삶을 사는 것 또한 개인의 선택이라고 할 수 있겠지만, 보통의 사람들은 그런 불안을 안고 살 수 없습니다. 물론 타인을 공격하고 비난하는 수단으로 도덕성을 삼는 이들도 많습니다. 그들에게는 타인을 공격하는 것이 목적이고 도덕성은 그 목적을 달성하기 위해 찾아낸 수단이겠지요. 그런 공격에 맞서기 위해서라도 자기 도덕을 스스로 지켜야 합니다. 그래야 솔직한 사과도 할 수 있습니다.

　기본적으로 인간은 도덕성이 높은 사람을 좋아합니다. 그 이유는 간단합니다. 도덕적인 사람이 사는 세상은 안전하게 여겨지기 때문입니다. 남의 기회를 가로채지 않으며 남의 재산을 탐내지 않는 세상이기 때문입니다. 반대로 비도덕한 사람이 사는 세상은 불안이 가득한 세상입니다. 윤리적인 사회에서는 개인의 자존감이 훼손되는 일이 덜합니다. 비윤리적인 사회는 개인의 자존감을 떨어뜨립니다. 그렇다 해도 도덕성은 자기가 스스로 만들어야 합니다. 타인과 집단의 도덕성에 휘둘리는 것이 아닙니다.

너새니얼이 말한 자존감의 큰 두 가지 요소인 자기 가치와 자기 효능 중에, 도덕성은 자기 가치와 직결되어 있습니다. 독실한 기독교 신자가 동성애자일 경우, 기독교적 도덕관에 비추어보면 자기 가치가 얼마나 떨어지겠습니까. 이런 기독교의 도덕에 휘둘리는 게 아니라, 자신의 성적 정체성 안에서 관계를 맺는 이들에게 상처를 주지 않고, 거짓말하지 않는 자기 도덕을 가지라는 것입니다.

자기만의 도덕을 갖고, 이를 실현하는 이들은 자신을 가치 있게 여기는 자세를 갖게 됩니다. 자기 삶의 목표와 방향을 분명히 알고 있다는 느낌이 들고, 누구 앞에서도 콤플렉스를 느끼지 않게 됩니다.

자존감을 갖기 위해서는 심리적 분리 능력이 중요하다고 했습니다. 인간이 가진 강력한 심리적 요소 중 하나가 바로 도덕심입니다. 내가 타인에게 해를 주지 않는 존재이며, 옳은 것을 스스로 판단할 수 있다는 자기 윤리를 가지면, 부모의 억압적인 가치관으로부터 자신을 분리시킬 수 있습니다.

또 하나, 도덕은 자신의 행동에 대한 자율성과 실행력을 높입니다. 불량배들에게 괴롭힘당하는 사람을 발견했을 경우, 못 본 척 지나갈 수도 있고, 직접 뛰어들 수도 있고, 경찰에 신고할 수도 있고, 다른 사람들을 데리고 올 수도 있습니다. 이런 여러 선택지 중에서 선택하고 실행해야 하는 상황에 마주합니다. 이럴 때 도덕성이 높을수록 합리적으로 판단하고, 책임을 지고, 공감하고 행동하려는 경향이 강해집니다.

EBS와 서울대학교에서 초등학생 3백 명을 대상으로 도덕성이라는 요소가 어떤 작용을 하는지 연구한 결과가 있습니다. 이에 따르면 도덕성 지수가 높은 아이들이 집중력이 더 높으며 공격성이 적고, 낙관적인 인생관을 가졌으며 좌절 극복의 힘도 더 큰 것으로 나타났습니다. 반대로 도덕성 지수가 낮은 아이들은 어른과 맞먹을 정도의 편견과 고정관념에 사로잡혀 지레 실망하고 미리

체념하는 삶의 태도를 지니게 됩니다. 이렇듯 도덕성의 가치는 삶의 긍정성과 직접적으로 연관되어 있으며 이는 자존감과 깊은 관련이 있습니다.

힘든 날에도 눈뜰 수 있어요

| 자기 조절력 |

마지막 요소는 자기 조절력(self regulation)입니다. 이는 의지력, 회복탄력성, 그릿과 비슷한 개념입니다. 이 요소는 지성, 긍정 정서, 도덕성을 발휘하는 역할을 합니다.

가장 쉬운 예가 그 유명한 마시멜로 실험입니다. 이 실험은 마시멜로를 먹지 않고 참으면 하나를 더 준다는 조건을 주었을 때, 먹지 않고 참는 아이들이 더 성공한다는 것이었습니다. 1966년에 발표된 이 실험 결과에 사람들의 관심이 집중되었고 교육학이나 심리학 분야에서 공고한 가설로 자리매김했습니다. 그러나 2018년 연구에 의하면 마시멜로를 먹지 않고 참은 아이와 10, 20년 뒤 성공과의 상관관계는 나타나지 않는다고 밝혔습니다. 학업

성적, 대인관계 등과도 별 관계가 없다고 밝혀졌습니다.

저는 이 실험이 맞냐 틀리냐보다, 이 실험의 결과를 당연한 것으로 받아들였던 사람들의 심리 상태에 주목합니다. 하고 싶은 것을 참는 것은 자기 조절력에서 매우 어려운 일 중 하나입니다. 그런 일을 해낼 정도면 어려운 일을 참고 견디고, 극복해나가는 능력도 클 것이라는 주장이 설득력 있게 다가오는 건 분명합니다.

자기 조절력은 하고 싶은 것을 안 하거나, 하기 싫은 일을 하는 차원이 아니라, 어떤 상황에서도 자신의 의지를 발현시킬 수 있는가에 대한 문제입니다. 앞에서 자기 조절력이 회복탄력성이나 그릿과 같은 개념과 유사하다고 말한 이유가 이것입니다.

"저는 어떤 상황에서는 제 자신이 조절이 안 돼요." 외래를 찾아오는 많은 환자들이 하는 말입니다. 자기감정과 자기 행동이 내 의지대로 되지 않는다고 느낄 때 자존감이 낮아진다고 합니다. 자기 조절력은 자존감의 실행 단계입니다. 앞에서 본 지성, 도덕성, 긍정 정서를 뒷받침해주고 도와주고 실행할 수 있게 하는 역할을 합니다.

이 자기 조절력은 필요한 정보를 스스로 찾아 나서는 능력이고, 나를 콘트롤 하려는 부모와 거리 두는 것을 실행할 수 있는 능력이고, 매력적인 사람이 나를 유혹해도 연인이나 배우자에 대한 신뢰를 지키면서 그 유혹을 거절하는 능력이기도 합니다. 이 자기 조절력은 '성취'와 '장점'에 중점을 두면 점점 더 키워나갈 수 있습니다.

현정 씨는 어린 시절부터 그림 그리는 것을 좋아했고 미술 대회에서 상도 여러 번 받았습니다. 가정 형편이 어려워서 미술 학원은 다녀본 적도 없습니다. 예체능을 전공하면 밥 먹고 살기 어렵다는 부모님의 뜻에 물리치료학과를 가게 되었습니다. 대학 시절 내내 하고 싶지 않은 공부를 억지로 했습니다. 대학 졸업 후 물리치료사로 병원에서 근무도 해봤지만, 삶이 행복하지 않았습니다.

부모의 반대를 무릅쓰고 직장생활을 하며 모은 돈으로 1년 재수를 하여 만화콘텐츠학과에 입학할 수 있었습니다. 가정 형편이 어려우니 장학금과 아르바이트로 학비와 생활비를 벌었습니다. 지금은 웹툰 플랫폼 업체와 정식 계약을 하여 웹툰 작가로 살고 있습니다. 물리치료사로 살 때에 비하면 하루에 일하는 시간이 훨씬 더 길지만, 잘 견딜 수 있습니다. 독자 리뷰에 악평이 달려 속상할 때도 있지만, 용기를 주는 댓글에 힘을 얻습니다. 지금 어려운 형편에 있다고 해도 자존감이 낮다고 여기지 않습니다. 지난 몇 년의 경험을 통해 자기 조절력을 회복했기 때문입니다.

자기 조절력이 강한 이들은 남들이 볼 때 쉽지 않은 상황을 결국 이겨냅니다. 좌절하고 도망쳐도 아무도 뭐라고 안 하는 일을 결국 해냅니다. 그런 이들을 타인이 어떻게 바라보게 될지 분명합니다. 드러내놓고 칭찬하지는 않을지라도, 그 사람을 함부로 대하지는 않습니다.

자존감 형성에는 남에게 받는 존중이 큰 영향을 미칩니다. 남이 나를 함부로 대하지 않게 하려면, 결국에는 함부로 대할 수 없는 존재가 되어야 합니다. 그런데 그건 벤츠와 샤넬백으로 해결할 수 없습니다. 타인에 대한 공격성이나 자만심, 호전성으로 되는 일도 아닙니다. 가깝게 있는 가족, 친구, 지인들이 '저 사람은 자기가 알아서 자신의 문제를 헤쳐 나가는 사람'이라고 나를 느끼게 되면, 자동적으로 나를 대하는 태도가 바뀌어갑니다.

그것을 증명하는 것은 자기 조절력에 달려 있습니다. 우리가 위대한 스포츠 선수들에게 저절로 존경심을 갖게 되는 이유가 무엇일까요. 그들이 딴 메달에 대한 환호, 그들이 보여준 피나는 노력에 대한 놀라움도 있겠지만, 메달을 따지 못한 선수까지도 존경하는 것은, 어떤 상황에서도 자신을 추스를 줄 아는 자기 조절력에 경외심을 갖게 되기 때문입니다.

자존감은 좋은 날보다 나쁜 날에 필요한 능력이라고 했습니다. 자기 조절력이 바로 역경을 마주할 때 필요한 능력입니다. 누구나 힘든 일을 겪으면 우울감, 불안감, 무기력감을 느끼게 되지만, 이를 극복하게 해주는 것은 다른 어떤 것이 아닌 바로 자기 조절력에 대한 믿음입니다.

자존감은 어둠 속에서 눈을 뜨고 깨어 있을 수 있는 일이라고 생각합니다. 자기만의 등불을 켤 줄 아는 능력입니다. 지성, 긍정 정서, 도덕성, 자기 조절력이 중요한 이유는 이런 자기 각성을 만드는 데 토대가 되는 일이기 때문입니다. 이 네 가지 요소로 이루어진 것이 자존감이라면, 이런 요소들을 어떻게 채워나갈 수 있을까요. 어떤 단계를 통해 발전시킬 수 있을까요.

나라는 사람을 무엇으로 채울까

초록을 바라보면서
'숲의 봄을 보았다'고 말하는 것으로는
충분치 않다.

_존 모피트, 「어떤 것을 알려면」 중에서

자존감을 채우는 5단계 익히기

나만의 시그니처는 자기만의 콘텐츠가 풍부한 속에서 탄생합니다. 자기만의 콘텐츠는 자존감의 넓이를 결정하고, 자기만의 시그니처는 자존감의 깊이를 만듭니다. 자존감이 낮은 사람들의 특징은 자기 콘텐츠가 빈약하다는 것입니다.

주영 씨는 아버지가 자신의 뺨을 때린 기억과 아버지에게 멸시당한 기억이 어릴 적 기억의 대부분을 차지합니다. 주영 씨는 지금도 아버지의 얼굴을 똑바로 보는 것을 어려워하고 아버지 앞에만 가면 주눅이 들고 작아집니다. 회사에서 상사에게 혼날 때는 자신이 작아져서 머리 꼭대기 일부분에만 자아가 있는 것 같다고 했습니다.

"평소에는 내 자아와 몸이 일치하고 살다가 갈등 상황이 되면 그 둘이 분리가 돼요. 제가 제3자가 돼서 아무 말도 못 하고 내 몸을 관찰하게 돼요."

　자신을 보호하기 위해 작동하는 방어기제인 해리 상태가 되는 것입니다. 자존감이 낮은 이들일수록 그들의 콘텐츠에는 현재나 미래가 없습니다. 오직 과거만이 있을 뿐입니다. 매일매일 현재를 살다가도 어느 순간 '백투더 과거'가 됩니다. "올해에는 뭘 하실 계획이세요?"라는 질문에 답할 대답이 없습니다. 좋아하는 것이 뭔지도 잘 모릅니다. 주영 씨는 '눈치의 달인'입니다. 이 눈치야말로 험한 세상에서 살아남고자 하는 그의 생존 방식입니다. 항상 다른 사람의 심기를 살피고 혹시라도 불편한 기색을 띠게 되면, 그게 나 때문일 거라는 자동적 사고의 결말로 마무리 지어집니다. 나의 정체성은 '눈치 보는 나'가 됩니다.

"아버지란 존재는 곧 경험이라고 생각해요. 저는 경험이 없어요. 캠핑이나 놀이동산에 가본 것도 사회로 나와서 직장 다니면서 처음 해본 거예요. 꼬맹이들을 봐도 어찌 대해야 할지 모르겠어요. 결혼을 하는 것이 두렵습니다. 결혼을 한다 해도 아빠 역할이나 남편 역할에 대한 모델이 없어요."

한 남자 환자분의 이야기입니다. 부모를 경험이라고 하는 말이 와닿았습니다. 인생의 콘텐츠가 빈약하면, 인생에서 할 수 있는 일이 별로 없다고 생각하게 됩니다. 그나마 몇 개 안 되는 일 중에 부정적인 과거가 크게 차지하고 있으면, 자존감을 갖게 될 공간이 없어지는 겁니다. 부정적인 콘텐츠로만 채워져 있으면, 세상을 왜곡해서 보는 필터가 장착됩니다. 재밌는 사실은 나의 빈약한 콘텐츠를 부정적인 콘텐츠로 채우면 오히려 머릿속이 아주 복잡해지고 온갖 생각을 하게 된다는 것입니다.

항상 생각이 복잡합니다. 생각이 많아서 지칩니다. 일상에서도 남의 호의를 제대로 받아들이지 못합니다. 누가 나에게 잘해주면 무슨 의도가 있어서 잘해주는 것인지 의심합니다. 어떤 모임이 끝나면 집에 돌아와서 내가 실수를 하지 않았는지 끊임없이 셀프 점검을 합니다.

누가 내 옆을 툭 치고 지나갔을 경우 왜 어떤 의도로 내 팔을 치고 갔는지 분석하느라 바쁩니다. 부장님의 찡그린 얼굴은 아무래도 내가 어제 낸 기획서가 마음에 안 들어서인 것 같습니다. 어제 저녁에 만난 친구가 왜 나에 대한 이야기를 사람들 앞에서 했을까 생각해보니 기분이 나빠집니다. 내일 만나 따져야 하는지 그냥 내버려두어야 하는지 머리를 굴리느라 하루가 다 갑니다. 카톡에 전에 사귄 애인이 남긴 말 한마디에 기분이 나빠서 하루 종일 전전긍긍합니다. "그냥 차단을 하면 되잖아"라는 주변 사람의 조언을 들어도 쉽게 행동으로 옮기지 못합니다.

자존감이 낮은 사람들은 끊임없이 본인의 부정적인 성격이나 습관에 대해 많이 고민합니다. 물론 잘못된 습관을 고치려는 노력은 바람직합니다. 문제는 이 노력이 긍정적이 아닌 부정적인 이유로 이루어진다는 것입니다. '좋은 나'가 되려고 하는 게 아니라, '나쁜 나'가 싫어서 고민하는 것입니다. 본인을 긍정적으로 수용하지 못하고 부정적인 자아상을 유지하고 있는 것입니다.

앞에서 인간은 부정 경험과 부정 정서에 더 몰두하게 된다고 했습니다. 부정 정서는 한번 느끼게 되면 증폭하는 특성이 있습니다. 반면 긍정 경험과 긍정 정서는 우리의 생각과 기분을 비우는 특성이 있습니다. 그래서 좋은 기분을 느끼면 또 새로운 일이나 상황으로 진입할 수 있는 에너지가 생기는 것입니다. 기분이 좋아지면 '자, 이제 기분도 좋아졌으니, 이런 일을 해볼까?' 하는 생각이 들지만, 기분이 나빠지면 자기가 좋아하던 일도, 반드시 해야 하는 일도 손에서 놓게 되고, 그 나쁜 기분에만 집중하게 됩니다. 과거에 자신을 가둡니다. 왜곡된 필터가 작동합니다.

이 왜곡된 필터를 상식적인 수준(common sense)에 맞게 수정하는 작업이 필요합니다. 물론 가장 먼저 해야 할 일은 부정적 콘텐츠와 거리를 두는 일일 겁니다. 나를 경멸하고 무시하는 친구, 비교하고 경쟁하게 만드는 직장으로부터 심리적 거리를 두어야 합니다. 많은 심리학 서적들이 이런 거리 두기의 기술에 대해 알려주고 있습니다. 거리 두기를 한 다음에는 자율적이고 긍정적인 콘텐츠가 만들어져야 합니다. 사실은 자기만의 콘텐츠가 없는 사람은 부정적 콘텐츠로부터 거리 두기가 잘 되지 않습니다. 그래서 심리서를 읽고 마음을 가다듬고 다음 날 아침에 출근을 해도, 또 똑같은 문제가 발생하는 것입니다. 어떻게 하면 도돌이표처럼 겪는 이 악순환에서 벗어날 수 있을까요. 5단계로 정리해보겠습니다.

나라는 사람을 채우는 콘텐츠가 적거나
그 콘텐츠가 부정적이면, 과거에 사로잡히게 된다.
풍부한 콘텐츠가 나를 새로운 단계로 밀어 올린다.

"이유 없이 좋아"
감정의 긍정적 콘텐츠 채우기

긍정 정서를 만들어주는 콘텐츠를 채워야 합니다. 그중 가장 좋은 방법은 '사심 없는 삶'을 경험하는 것입니다. 앞에서 타인과의 관계에서 '이유 없는 선의'가 존재하는 것이 중요하다는 이야기를 했습니다. 사심 없는 삶, 이유 없는 선의를 경험할 수 있는 환경에 자신을 놓을 줄 아는 이들이 자존감이 높습니다. 우리의 삶을 예측 가능한 것으로만, 비교 가능한 것으로만 채우는 이들에게는 이와 같은 경험이 쌓이지 않습니다.

내가 준 만큼 받고 내가 받은 만큼 주는 '기브 앤 테이크'가 아닌, 경험이 이 세상에 존재한다는 것을 느껴야 합니다. 많은 이들이 '여행'의 좋은 점을 이야기하는데, 여행이라는 경험이 '사심 없는 삶'을 경험하는 가장 쉬운 방법이기 때문에 그렇습니다. 이때 말하는 여행은 관광도, 휴양도, 쇼핑도 아닙니다. SNS에 올리는 사진을 찍기 위한 여행도 아닙니다. 그 장소 그 시간에 맞게 가장 자유로워지는 경험을 하는 일입니다.

인도로 여행을 갔을 때의 일입니다. 인도 뉴델리에 있는 배낭 여행자들의 베이스캠프인 빠하르간지에서 세계 각지에서 온 배낭 여행자를 만났습니다. 이들 사이에는 묘한 불문율이 있습니다. 서로 어디에 사는지 무엇을 하는 사람인지 묻지 않습니다. 그 이유는 서로에게 궁금한 것이 따로 있기 때문입니다. 이곳을 여행하면서 당신은 즐거운지, 어떤 곳을 찾아가면 좋은지, 이런 이야기를 나누기에도 바쁩니다.

그런 여행객들과 하루, 이틀, 사흘 만나고 사심 없는 대화를 마음껏 나누다 보면, 그 경험이 자기 안에 긍정적으로 오롯이 남습니다. 처음에는 쑥스럽던 자신이 여행지를 떠날 때쯤 되면, 환전이 안 되는 동전이나 남은 음식을 다른 여행자들에게 나눠주는 경험을 하게 됩니다. 이해관계가 하나도 없는 사람들과 순간순간 사심 없는 경험을 누리기에 여행만 한 것이 없습니다.

몇 년 전 속리산에 갔을 때 일입니다. 속리산은 제 평생에 가본 산 중에 제일 높은 산이었습니다. 해발 천 미터가 넘는 산으로 문장대에 도착해 광활한 산세의 수려함을 보며 감탄했지만 두 번은 안 갔습니다. 저질 체력인 제가 남편의 꾐에 빠져 멋모르고 간 거였죠. 올라가는 데 정말 죽을 것 같았고 몇 번이나 내려갈까 말까 고민에 고민을 하면서 올라갔습니다. 이런 제가 결국 산꼭대기까지 갈 수 있었던 것은 남편의 격려보다는 산행하면서 마주치는 낯선 사람들의 응원 때문이었습니다. 정상까지 얼마나 남았느냐며 헉헉대는 저를 보고, 내려오는 사람들마다 "거의 다 왔어요" "조금만 더 가시면 됩니다"라고 대답해주었습니다. 그런데 거의 다 오지도 않았으며 한참 더 가야 하는 거리였죠. 사람들은 제가 포기하지 않기를 바라며 저리 말해준 것입니다. 저도 역시 하산하면서 "얼마나 남았느냐"며 오르는 사람들의 물음에 역시나 똑같은 '배려의 구라'를 쳐주었습니다. 얼마나 아름다운 모습입니까. 낯모르는 타인에게 서로서로 쳐주는 '배려의 구라'라니 말입니다. 바로 이런 것이 사심 없는 호의라는 경험입니다. 아마 여러분들도 똑같은 상황에 처한 저질 체력의 등산객을 보면 힘내라고 응원하게 되지, 그만하고 내려가라고 하지 않을 겁니다.

일행이 있는 여행보다는 혼자인 여행이 타인과 사심 없는 관계를 맺어볼 확률이 높습니다. 가까운 사람과 가면 결국 이런저런 현실의 대화를 나누게 되기 때문입니다. 이럴 경우 장소만 바뀐 수다의 장이 될 가능성이 큽니다. 제 환자인 혜영 씨도 난생처음 해외여행에서 게스트하우스에 묵었다가 그와 같은 경험을 하고 와서 이야기를 해주었습니다.

"그곳에서 윈드서핑을 하러 온 젊은 사람들을 만났어요. 제가 강사에게 윈드서핑 강사 자격증을 받으려면 어떻게 해야 하 냐고 물어봤어요. 그날 저녁에 그 사람들을 게스트하우스에서 만났는데, 동남아시아에 가서 윈드서핑 자격증을 따면 더 저 렴하고 따기도 쉽다며, 방법을 자세히 알려주는 거예요. 자기 들 시간을 다 써가면서 말이에요. 그들끼리도 유럽여행 중에 게스트하우스에서 만난 사이라고 하더라고요. 태어나서 처음 해보는 경험이었어요. 아무 사심 없이 저와 대화를 나누는 사 람이 있다는 것 자체가 신기했어요."

이런 긍정적 경험을 많이 한 이들은 타인의 말이나 행동에서도 부정적인 요소보다 긍정적인 요소에 집중하는 능력이 커지게 됩니다. 그런 태도는 다른 사람에게도 전염되지요. 남편이 남자친구였던 시절의 이야기입니다. 동해안을 지나가다 작은 시골 마을의 동네 가게에 들르게 되었습니다. 마실 것과 간식거리를 사기 위해서였습니다. 가게에는 허리가 구부러진 할머니 한 분이 계셨습니다. 그 할머니가 남편을 보더니 다짜고짜 "튀기여(너 혼혈인 거야)?"라고 하시는 겁니다. 제 남편의 눈은 신기하게도 잿빛과 노란빛이 섞인 색을 하고 있습니다. 남편을 처음 만났을 때 저도 참 신기했었죠. 전 할머니의 말이 무슨 말인지 몰라 멍하게 있었는데, 순발력 좋은 남편은 웃으며 "예" 하고 대답했습니다.

"아빠 쪽이여, 엄마 쪽이여(부모님 중 누가 서양 사람인 거야)"

"아빠 쪽입니다."

"힘들었겠구먼(혼혈아에 대한 편견 때문에)."

참고로 남편의 부모님은 모두 한국인이며, 남편도 눈동자 색만 빼고는 전형적인 한국인처럼 생겼습니다. 할머니는 딱 세 마디를 하셨지만, 만약 정말 제 남편이 한국전쟁에 참전한 미군 아버지와 한국인 어머니 사이에서 태어나 힘들게 자란 혼혈아였다면, 얼마나 위로가 되는 한마디였을까 싶었습니다.

이런 대화가 가능한 것은 우선 제 남편이 '선의'부터 받아들일

줄 아는 사람이었기 때문일 겁니다. 할머니의 첫마디를 들었을 때, '도대체 왜 저런 걸 묻는 거야. 한국 사람처럼 안 생겼다고 차별하는 거야? 뭔가 나에게 기분 나쁜 이야기를 하려고 하는 거지?'라고 미리 예상되는 부정의 시나리오를 쓰고 있는 사람이었다면, 이 대화가 좋게 이어졌을 리가 없을 겁니다.

남편은 여행의 경험이 많고, 언제 어디서나 그곳에 맞는 모습으로 잘 적응하는 사람입니다. 자존감이 매우 높은 사람이지요. 자신의 외모 때문에 살아오는 동안 이와 비슷한 일들을 수없이 겪었을 것입니다. 거기에서 나쁜 경험보다는 좋은 경험들을 더 중요하게 여기고 기억했던 사람인 것입니다. 그랬기에 그 할머니의 말에서 긍정적인 요소, '힘들었을 타인을 위로하는' 것만 끄집어낼 수 있었던 겁니다.

많은 환자들을 대하다 보면 자존감이 낮은 사람들에게는 이런 사심 없는 관계, 대화, 상황에 대한 기억이 거의 없습니다. 사심 없는 낯선 사람들과의 대화를 처음 경험한 혜영 씨는 그 순간 뭔가 탁 트이는 느낌이 들었다고 했습니다. 공부 못한다고 구박하는 어머니, 은근히 따돌리는 직장 사람들 때문에 머리가 터지도록 고민하고 힘들었는데, '내 인생이 그런 것만으로 채워지는 게 아니구나'라는 깨달음이 왔다고 했습니다. 심봉사가 눈을 뜨는 것 같은 그런 경험을 했다며 "사심 없는 관계라는 것이 가능한 건가요?"라는 질문을 해왔습니다. 혜영 씨는 감정의 부정적 콘텐츠가 아니라 긍정적 콘텐츠가 채워지는 첫 경험을 한 것이지요. 반면 혜영 씨와 비슷하게 자존감이 낮은 수영 씨는 이런 말을 했습니다.

"저는 그런 경험을 한 적이 없어요. 그런데 설사 있었다고 해도 제가 사심이 없다는 긍정적인 경험으로 기억하지는 못했을 거예요. 아마 그런 경우가 있긴 했을 텐데 '나에게 뭘 바라나? 나도 뭘 해줘야 하나? 왜 그러지?'라고 생각했을 거에요."

사심 없는 관계를 많이 경험하는 것은 타인이 들고 있는 존중의 거울로 나를 들여다보는 작업입니다. 왕따를 당한 사람들이 치유를 받는 유일한 방법이 바로 타인과 '사심 없는' 관계를 맺어보는 것입니다. 왕따와 같은 부정적 콘텐츠를 아무리 재해석하고, 그 기억을 수정해보아도 효과가 없습니다. 다른 콘텐츠를 쌓는 게 중요합니다. 자존감이 높은 사람들은 이런 효과를 자동적으로 알고 있기에, 긍정적 콘텐츠를 쌓을 수 있는 환경으로 자신을 몰아갑니다.

저는 인도에 있는 한 초등학교를 틈나는 대로 찾아가 아이들을 진료합니다. 아이들만이 아니라, 아이들을 따라온 어머니들도 진료합니다. 언젠가는 겉으로 드러나는 증상만 치료하는 건 소용이 없다는 생각이 들어서, 수도시설을 바꾸는 일에 매진하기도 했습니다. 히키코모리에 가깝던 제가 이런 활동을 할 수 있게 된 것에는, 제가 경험한 선의의 관계가 차곡차곡 쌓여서 밖으로 나오는 에너지가 되었기 때문입니다.

여러 가지 이유로 지금 당장 사람과 사심 없는 관계를 맺기 어려운 경우, 동물이나 식물을 키우는 것도 도움이 됩니다. 반려동물과 함께해본 사람들은 알고 있을 겁니다. 나에게 무조건 호의적이고, 안전한 관계에서 치유를 받게 됩니다. 반려동물과 함께하는 것도 좋지만, 결국 사람 사이의 사심 없는 관계는 정말 놀라운 치유력을 갖고 있습니다. 저에게 "환자의 자존감을 높이기 위해 정신과 의사인 네가 하는 방법이 무엇이냐"라고 묻는다면 바로 이 사심 없는 대화를 진료실 안에서 하는 것이라고 답할 수 있습니다.

"내 옆에도 이런 사람이"
멘토로부터 콘텐츠 채우기

재미있는 소설을 쓰는 사람, 멋진 영화를 만들어내는 사람은 기본적으로 자신이 닮고 싶어 하는 소설가의 목록이 많고, 자신이 감동받은 영화감독의 목록이 많은 사람입니다. 자존감 콘텐츠도 마찬가지입니다. 자존감이 높은 사람들은 자기 자존감의 내용을 채워주는 좋은 사람들을 갖고 있습니다.

'멘토'라는 말이 남발되어 식상해진 감이 있지만 인생을 살아가는 동안 사람은 끊임없이 '멘토'를 필요로 합니다. 흔히 멘토를 '성공의 모델'이나 '저 사람처럼 되고 싶다'라는 대상으로 생각합니다. 그러나 멘토는 '존중'과 '객관'의 거울을 동시에 들어주는 사람이라고 할 수 있습니다.

저에게는 감사하게도 부모님이 그런 분이셨습니다. 아버지는 시골에서 농사를 짓고 계십니다. 가방끈은 짧지만 한문학을 오래 독학하셔서 지역의 향교장을 지내시기도 했습니다. 의대생 시절 의과대학 공부에 염증을 느껴 휴학하겠다는 제 말에 두 번도 안 물으시고 그러라고 하셨습니다. 자식들이 배우자감을 데리고 온다고 할 때도 학벌, 직업, 재산이 아닌 사람 됨됨이는 괜찮냐는 질문이 전부였습니다. 제가 아버지에게 가장 감사하는 것은 어머니를 대하는 아버지의 모습 때문입니다. 어머니는 제가 결혼하던 해에 뇌출혈로 오른쪽 팔다리의 움직임이 불편해지셨습니다. 말도 어눌해지고 지능지수도 낮아졌습니다. 아버지는 그런 어머니를 귀하게 대접하며 부부동반 모임이든, 해외여행이든, 사람들과 함께하는 자리에 빠지지 않고 챙겨 다니십니다.

아버지와 어머니가 서로를 존중하는 모습을 보여주는 것만큼 자식의 자존감을 높여주는 일은 없다는 것을 매일같이 느낍니다. 10대 시절은 말할 것도 없고 서른이 넘고, 마흔이 넘고, 아이 엄마가 되고 보니 스스로 어른이라고 말하기 민망할 정도로 자신의 미숙함이 불쑥불쑥 올라옵니다. 그럴 때 부모님의 모습을 뵙는 것만으로도 뿌리가 탄탄한 사람이 될 수 있다는 믿음을 느낍니다.

저의 또 다른 멘토는 바로 남편입니다. 의사인 아내가 살림도 시원찮고 육아도 시원찮은데, 전문직 여성이 살림과 육아를 모두 잘하는 것은 도리어 이상한 일이라고 말하는 사람입니다. 결혼 2년 차이던 해에 추석 명절과 병원 당직이 겹쳤습니다. 시댁에 가기 어렵다고 말하니 시부모님의 심기가 좋지는 않으셨겠죠. 그때 남편이 시어른들에게 "병원에서 숨이 넘어가게 생긴 환자를 내팽개치고 전을 부치는 게 맞냐. 정말 그렇게 생각하시냐"라고 말했던 기억이 있습니다. 물론 남편이 그렇게 말해주지 않았어도 저는 안 갔을 겁니다.

몇 년 전 제가 근무하던 한 병원에서 직원의 고의적인 행동으로 병원의 이익과 환자의 이익이 부딪친 경우가 있었습니다. 그 일을 알게 된 저는 의사로서의 양심과 병원에 속한 직원으로서의 위치로 인해 매우 괴로워했습니다. 그때 저에게 "의사로 사는 동안 부끄럽게 살지 마라. 하지만 당신이 이 사실을 공개하게 된다면, 한국의 조직 사회에서 내부고발자로 사는 건 너무 어렵기에 한쪽 손에 사직서를 쥐어야 할 것이다. 만일 당신이 의사로서의 양심에 따른다면 그런 당신을 아내로 두었다는 사실이 너무 자랑스러울 것 같다"라는 말을 해준 사람도 남편이었습니다. 그 말에

용기를 얻어 저는 병원에 징계위원회를 열 것을 정식으로 요청했고, 그 일로 직원 두 명의 직위가 해제되었습니다. 저는 그 일이 정리되자마자 사직서를 던졌습니다. 삶의 뿌리인 부모와 성인으로서 자신이 선택한 배우자가 자존감을 높여주는 존재라면 정말 행복하고 감사한 일입니다.

그런 점에서 우리 개인도 누군가의 인생에서 얼마든지 좋은 멘토로 존재할 수 있습니다. 혹은 내가 누군가에게 영향을 미칠 수 있는 존재라는 사실을 자각하는 것만으로도 자존감은 깊어집니다.

어쨌든 저는 일상을 함께하는 부모님과 배우자로부터 좋은 콘텐츠를 공급받는 행운을 누리고 있습니다. 그러나 가족이 이런 좋은 콘텐츠를 주지 못하는 경우도 매우 많습니다. 안타까운 일이지요. 그들을 변화시키려고 하기보다는 자존감이 높은 다른 멘토를 찾아야 합니다.

그런 멘토가 내 주변에는 단 한 명도 없다고 말할 사람이 많을 것입니다. 부모, 선생님, 직장 상사, 학교 선후배나 친구 등등을 봐도 멘토가 될 만한 사람이 없다고 말할 수 있습니다. 예전에 『퇴근길 인문학』이라는 책에서 자존감에 대한 글을 쓸 때, 자존감이 낮은 인물인 '무수리' '나잘난' 등의 인물을 등장시켰습니다. 반대로 자존감이 높은 인물인 '자존이'도 등장했지요. 그때 이 책을 읽은 독자들로부터 재미있는 경험을 했습니다. 다들 "무수리는 마치 내 이야기 같다" "내 주변에 나잘난이 많다" 등의 피드백은 하는데, 자존이에 대한 피드백은 거의 없었습니다. 자존이처럼 살아본 적도 없고, 주변에 자존이처럼 살고 있는 지인도 만나기 어려운 것입니다.

이렇게 나와 직접적으로 아는 관계에서 찾을 수 없거나 삶의 많은 영역에서 관여할 수 있는 멘토를 찾을 수 없다면, 자기 삶의 분야를 쪼개서 자존감의 멘토를 의식적으로 찾는 노력도 필요합니다. 이를테면 직업, 가족, 사랑, 우정의 영역으로 나눠볼 수 있습니다. 예를 들어 직장에서 나와 취향이 달라서 친하지는 않은 사람이라고 해도, 그 사람이 외부 고객을 상대하는 방식이 좋아 보인다면, 그 부분만이라도 받아들이려고 노력해볼 수 있습니다.

취미의 영역에서라도 나에게 긍정적인 콘텐츠를 주는 사람을 찾을 수 있을 겁니다. 그 사람의 직장에서의 모습은 잘 모르지만, 동호회에서 함께 활동하면서 나에게 좋은 영향을 주는 사람은 찾을 수 있습니다. 이렇게 역할을 쪼개어서라도 사람을 찾아야 하는 이유는 앞에서도 말했지만, 사람으로부터 받는 영향이 가장 효과가 크기 때문입니다.

그런 멘토를 간접적으로 경험할 수도 있습니다. 어릴 때 학교에서 읽으라고 하는 위인전의 인물들을 통해 간접적으로라도 '자존이 모델'을 많이 접하게 됩니다. 책 속의 멘토도 큰 영향을 미칩니다. 멘토는 어린 시절만이 아니라 어른이 되어서도 계속 필요합니다. 그런데 어른이 되어 자신이 직접 관계를 맺는 사람들이 많아지게 되면, 그 관계가 나에게 긍정적인 역할을 하지 못하는데도 불구하고, 그런 부정적 관계에 신경을 쓰느라 내 주변의 '자존이'를 찾는 일에 에너지를 쓰지 않습니다. 눈에 잘 띄지 않는 자존이를 찾아 내 옆에 두는 일이 중요합니다.

자존감 멘토는 흠이 없는 사람이거나 대단한 일을 해내는 사람이 아니라, 그 자신 스스로가 자기를 존중하는 삶을 잘 살아가는 사람을 뜻합니다. 저에게도 그런 자존이가 옆에 있습니다. 제 고등학교 1년 후배인 베로니카가 그런 사람입니다. 저와 베로니카는 가톨릭 미션 스쿨을 다녔습니다. 전교생이 모두 베로니카를 알 정도로 학교에서 알아주는 분위기 메이커에 외향적이고 밝은 성격의 친구였습니다. 베로니카는 수녀가 되기를 원했지만, 수도 성소 입회 하루 전에 아버지의 반대로 꿈이 좌절되었습니다. 지금 베로니카가 남편과의 갈등으로 힘들어하는 모습을 보면 '그때 살레시오에 들어갔으면 잘 살았을 텐데'하고 아쉬운 마음이 듭니다. 아마 영화 〈사운드 오브 뮤직〉에 나오는 명랑한 마리아 같은 수녀님이 되어 많은 신자들에게 큰 힘이 되었을 텐데 말입니다. 그런 베로니카가 최근에는 가톨릭 관련 잡지에 일러스트를 그리는 일을 하고 있습니다. 원래 미술 전공자가 아님에도 불구하고, 그림을 꾸준히 배우고 그리더니 이런 일을 하게 되었습니다. 자신의 존재를 소중하게 느낄 수 있는 일을 스스로 찾아가는 사람인 것입니다. 분명 내 주변에도 이와 같은 존재들이 있습니다. 나에게 긍정적 콘텐츠를 채워줄 수 있는 이들을 쉽게 찾는 사람이야말로 자존감이 높습니다.

제가 만난 환자 중 은희 씨는 냉정하고 가부장적인 아버지 밑에서 자란 사람이었습니다. 어릴 때 이혼한 어머니를 성인이 되어 만났지만, 어머니는 미성숙한 사람이라 은희 씨의 신용카드를 함부로 쓰고 다니는 등 전혀 부모의 역할을 하지 못했습니다. 그런 은희 씨는 자기에게 조금만 잘해주는 남자를 만나면, 그 남자가 어떤 잘못을 해도 받아주었습니다. 육체적으로 정신적으로 물질적으로 착취를 당해도, 나에게 관심을 가져준다는 이유만으로 감내해주고 있었습니다. 결국 우울증과 공황장애로 병원을 찾아왔습니다. 그런 은희 씨는 이렇게 말했습니다.

"힘들어 죽겠어요. 아무리 '엄마가 있는 게 어디야. 지금 직장이 안정적이고 월급도 많잖아. 다른 사람들에 비해 나는 조건이 좋은 거야'라고 생각해봐도 가슴이 답답해요. 저는 시궁창에 사는 쥐 같아요."

자기만의 생각으로는 삶이 바뀌지도 않고 자존감도 올라가지 않습니다. 주변에 자신을 갉아먹는 사람만 있고, 자신을 존중해주는 사람이 없다면, 미래에 대한 어떤 희망도 생겨나지 않습니다. 다른 환자 한 분은 심리 상담센터를 다니다 찾아왔습니다. 그곳에서 "마음을 비워라. 모든 것을 내려놓아라"는 말을 듣는데, 그게 잘 안 된다고 했습니다. 이런 경우 아무리 '나는 괜찮다'라고 다독여도 소용없습니다. 나를 존중해주는 사람, 내가 경험한 긍정적 세상이 내 삶의 콘텐츠로 존재하지 않기 때문입니다. 자기만의 콘텐츠를 채울 때 자존감은 높아집니다.

"그건 가짜잖아"
합리적 정보의 콘텐츠 채우기

그다음 방법으로는 합리적인 정보를 갖춘 콘텐츠를 채우는 것입니다. 앞에서 말했듯이 자존감은 지성과 관련이 많습니다. 정보를 많이 갖추라고 하면 거창하고 어렵게 느껴질 수도 있습니다. 우리는 인생을 살아가는 데 있어 계속해서 정보를 필요로 합니다. 그러나 그것이 비합리적인 정보로 채워져 있다면, 그 사람은 사회적 관계에서 계속해서 문제를 겪게 됩니다. 긍정적 콘텐츠로 자신을 채우는 일로부터 멀어지게 되는 것이지요.

어느 날 병원에 자신이 우울증을 겪고 있다고 찾아온 환자가 있었습니다. 그분에게 "어떻게 스스로 우울증인지 알았냐"고 물어보니, 유튜브 방송에 어떤 한의사분이 나와서 우울증을 진단하는 방법을 알려주었다고 했습니다. 그 방법은 다른 사람이 맞은 편에서 자기 가슴에 손을 대고 아 소리를 내면서 누르게 하는 것입니다. 그래서 가슴이 아프면 화가 쌓인 것이고, 우울증 증상이라고 해서 병원에 왔다고 했습니다. 설마 그런 정보가 있을까 싶어 찾아보니 정말 있었습니다.

정보를 쉽게 찾을 수 없던 과거는 물론이고, 온갖 정보가 넘쳐나는 현대 사회에서도 자신에게 정말 필요한 정보가 무엇인지 판단하고, 그 정보에 대한 근거를 정확하게 찾으려는 능력은 중요합니다.

합리적인 정보를 갖는 것은 마음의 문제를 치유하는 데도 큰 도움이 됩니다. 그런 점에서 저는 환자들에게 좋은 책을 읽는 것을 매우 추천합니다. 이미 수많은 글들이 온라인에 있는데 굳이 책을 읽어야 하냐고 묻는 분들도 있습니다. 하지만 온라인에 있는 글들에 비해 책은 훨씬 더 신뢰성 높은 정보들로 채워져 있습니다. 물론 오류가 많은 책도 있습니다. 하지만 책은 조금만 관심을 가지고 들여다보면 다른 책에 비해 믿을 수 있는 책인지 아닌지 쉽게 판단할 수 있습니다. 그리고 책 읽기는 긴 시간을 투여하는 일입니다. 자기만의 생각이 만들어지는 시간을 갖게 됩니다.

독서를 많이 하면 자기에게 필요한 정보를 잘 고를 수 있는 능력이 생깁니다. 그런 능력은 바로 자기 주도적 학습 능력과 연결됩니다. 자기 주도적인 학습 능력은 비단 학창 시절에만 필요한 것이 아닙니다. 사회에 나오면 아무도 '이걸 꼭 배워야 한다'고 이야기해주지 않습니다. 10대 때만 의무적으로 독서를 하고, 20대 때는 취업 준비라는 이유로, 30대는 회사 일이 정신없다는 이유로, 이렇게 점점 독서로 멀어지는 경우가 많습니다. 그 나라의 문화가 성숙한 곳일수록 장년층의 독서가 늘어나는 경향이 있습니다. 어릴 때는 경험의 넓이에 대한 갈증이 크다면, 나이가 들수록 경험의 깊이에 대한 갈증이 커집니다. 인간은 본인이 성숙해진다는 느낌을 계속 갈구하는 존재이기 때문입니다. 독서는 간접 경험을 통해 깊이를 채워주는 일입니다.

인생을 오로지 직접 경험으로만 채우는 이들은 점점 더 객관성을 잃게 됩니다. "제가 경험한 바로는 안 그래요"라고 말하는 사람들이 대표적입니다. 그런 정보의 유효성은 얼마 가지 않습니다. 아이들은 자기가 경험한 세상이 전부인 줄 압니다. 유치원생들은 세상의 모든 유치원생들이 다 나와 비슷하게 다니는 줄 압니다. 어른이 되면 직접 경험하지 않아도 다양한 세상이 있다는 것을 알게 됩니다. 간접 경험을 통해 합리적 정보를 찾는 방법을 알게 되기 때문입니다. 누가 시키지 않아도 지속적으로 '알아가는 능력'을 갖추게 되면, 자기감정을 조절하는 능력도 커집니다. 스스로 지성을 쌓을 수 있는 사람은 자기감정도 잘 통제할 수 있기 때문입니다.

또 하나, 합리적 콘텐츠가 많이 쌓이면 언어와 관련된 능력도 높아집니다. 말은 나를 표현하는 방법입니다. 자신에게 미래를 제안하는 일입니다. 머리를 맑게 씻어주는 도구입니다. 대인관계를 시작하는 수단입니다. 누군가의 말을 들으면 그 사람의 인성이 온전히 느껴집니다. 마치 언어에 영혼이 스며들어 있는 것 같습니다.

때문에 많은 심리 치료가 언어 능력을 통해 이루어집니다. 그런데 자기 언어의 힘이 커지기 위해서는 합리적인 언어를 많이 접해야 합니다. 자존감이 낮은 사람들은 자기가 말을 잘 못한다고 생각하는 경우가 많습니다. 말대꾸를 잘 못하든가, 발표를 잘 못한다든가 하는 콤플렉스에 시달립니다. 말의 양이나 강도가 중요한 게 아니라, 자기가 얼마나 합리적인 말을 구사하는지가 중요합니다. 자기의 행동을 이끌어주는 힘이 있는 말인지가 중요합니다. 자신에게 도움이 되는 언어는 저절로 만들어지지 않습니다. 다양한 언어를 많이 접해야 합니다.

그렇지 않으면 말이 성장하지 못하고, 자아도 성장하지 못하고, 자존감도 생성되기 어렵습니다. 저는 사실 문학을 잘 모르지만, 시가 가진 힘에 대해서는 매우 공감합니다. 시인의 말은 많은 콘텐츠가 응축되어 나오는 것이기 때문에 평범해 보이는 듯해도 단단합니다. 이처럼 내 안에 합리적이고 긍정적인 콘텐츠가 많이 쌓이면, 그것을 바탕으로 나만의 힘 있는 언어가 나올 수 있습니다.

"이건 뭔가 느껴져"
직관을 발달시키기

1, 2, 3단계를 통해 긍정적 콘텐츠, 합리적 콘텐츠가 많이 쌓이고 서로 결합하면 융이 말하는 인간의 직관이 발달하게 됩니다. 직관이란 논리적 필터나 이성적 과정을 거치지 않고 바로 판단하고 결정하는 능력을 말합니다. 이 직관의 능력은 비이성적인 능력이 아니라, 수많은 정보의 데이터 속에서 나에게 가장 유리한 것을 자동적으로 선택하는 능력입니다.

직관이 강하고 그 직관에 따라 행동했을 때 좋은 결과를 얻는 이들은 평소에 이성의 합리적 콘텐츠를 쌓는 데 매우 부지런한 사람이고, 실패와 성공 모두의 경험이 많은 사람들입니다. 성공한 CEO들의 경우 대부분 직관이 매우 발달되어 있습니다. 이성적 과정을 건너뛰는 게 아니라, 이미 어떤 일을 결정할 때 수십 가지 시나리오를 짜서 철저한 계산을 내리는 과정이 압축되어 있는 겁니다. 이것이 순간적인 직관으로 나타나는 것이지요. 직관이 뛰어나다는 건 사물, 사람, 상황에 대한 통찰력이 높다는 것입니다. 흔히 직관이 뛰어난 사람들을 '자기 고집'이 강하다고 생각하는 경우가 많은데, 그보다는 직관이 뛰어난 사람들은 '남들이 보지 못한 것을 보려는 성향'이 내재화된 사람입니다.

MBTI라는 성격 검사를 다들 해보셨을 겁니다. 인간의 성격적 특징을 파악하는 이 검사는 융의 '심리유형이론'을 바탕으로 하고 있습니다. 융이 말한 심리유형은 크게 태도와 기능으로 나눠 볼 수 있습니다. 태도는 다시 내향성-외향성으로, 기능은 사고-감정, 감각-직관으로 나누어집니다.

여기서 감각(sensing)은 말 그대로 눈, 귀 등의 감각기관을 통해 관찰 가능한 사실이나 사건을 잘 받아들이는 것입니다. 세세한 것을 기억하고 구체적인 성향을 가지고 있습니다. 순서에 따라 차근차근 업무를 진행하는 사람들이 바로 이 감각적 기능이 강한 이들입니다. 구체적인 사실을 중시하는 사람이죠.

반면 직관(intuition)은 오감보다는 영감에 의존하는 능력을 말합니다. 구체적인 사실이나 사건보다는 그 이면에 감춰진 의미, 가능성 등을 보는 기능입니다. 직관형 사람들은 전체를 파악하려는 경향이 있습니다. 때문에 세세한 부분을 놓치는 경우가 많지만 도전적인 일, 복잡하고 어려운 일에 뛰어드는 경향이 강합니다. 이 직관의 힘은 바로 신속성과 예측성에 있습니다. 남들이 안 보는 가능성과 장래성을 보기 때문입니다. 쉽게 말해 커다란 위기나 기회가 닥치리라는 '냄새'를 맡는 능력이 강한 것입니다.

이 직관이 자존감과 무슨 관계인지 궁금하실 겁니다. 자존감이 낮은 사람들은 상대적으로 무슨 일을 시작할 때 플랜 A, 플랜 B, 플랜 C… 식으로 계획을 여러 개 갖추고 새로운 일을 시작하는 성향이 강합니다. 제가 만났던 한 환자분은 무슨 일을 결정할 때 기본적으로 열 개의 플랜을 세운다고 하더라고요. 그래서 별거 아닌 일에도 그 시나리오 짜느라 하루 종일 시간을 허비한다고 했습니다. 온갖 변수의 경우를 계산한 후 일을 수행해야 하고, 그 일이 자신이 생각한 플랜 사이에서 벌어져야 안정감을 느낀다고 했습니다.

계획을 촘촘하게 세우는 것 자체가 자존감이 낮다는 것이 아니라, 자존감이 낮은 사람들은 즉시 보고 듣고 선택하고 그 선택에 대한 확신으로 일을 밀고 나가는 것에 두려움을 느낍니다. 반면 자존감이 높은 사람의 경우, 설령 그것이 실패할 수 있을지언정 빠르게 대처합니다. 자기를 믿는 힘이 강하기 때문입니다. 그렇게 자신을 믿는 힘은 바로 직관에서 나옵니다.

　꼼꼼하게 일하려고 하고, 신중하게 일하려고 노력하려는 팀장이 정작 팀원들이 볼 때는 '왔다 갔다' 하고 우유부단하며, 결정을 쉽게 내리지 않는 사람으로 보일 때가 있습니다. 그런 이들은 의외로 자존감이 낮은 경우가 많습니다. 상사의 의견을 계속 물으러 다닙니다. 팀원들의 입장에서는 팀장이 자기 주관을 가지고 오히려 상사를 설득해줘야 하는데 말입니다. 오늘날에는 점점 더 직관의 힘이 중요해집니다. 환경이 빠르게 변하고 정보의 양이 많기 때문에, 완벽한 계획을 세우고 그대로 달성하는 것이 아니라, 실행해가면서 계획을 점차 수정하는 방향으로 일해야 하기 때문입니다.

　평가에 예민한 사람들, 즉 자존감이 낮은 사람들의 경우 이와 같은 방식으로 일하는 것을 매우 힘들어합니다. 수시로 일의 방향이 바뀔 때마다 그것을 주도적으로 받아들이기보다는 '왜 나랑 의논한대로 하지 않지, 나를 무시하는 건가?' 이런 생각을 먼저

하게 되기 때문입니다.

또 하나, 직관이 발달하면 위험한 상황으로부터 피할 수 있습니다. '이건 뭔가 불편하다'라는 것을 감지하고, 그것으로부터 빨리 벗어나기 때문입니다. 이런 능력은 평소에 긍정적 콘텐츠를 많이 경험해본 사람일수록 발달합니다. 내가 '좋은 상태'에 있는 것과 아닌 것을 직감적으로 구분하고, '나쁜 상태'에 처할 것 같으면 회피합니다. 사실 이와 같은 능력은 인간이라면 누구나 갖고 있습니다. 저에게도 그와 같은 능력이 있습니다.

병원을 개원하고 보니 저는 아이를 키우는 엄마이지만, 정신과 의사로서 아이 환자를 보는 일이 성인 환자를 보는 일보다 더 힘들게 느껴졌습니다. 그러고 보니 전공을 정할 때 저는 소아청소년과는 아예 후보에도 넣지 않았다는 사실을 깨달았습니다. 정신과 외에 내과나 진단방사선과를 고려해보았지만, 소아청소년과는 아예 생각도 하지 않았던 겁니다. 직관의 힘이 작용한 것이지요. 지금 제 개인 의원에서도 소아나 청소년 환자들을 그리 많이 보지는 않습니다. 혹시 소아 환자가 올 경우 근처 소아정신과 병원이나 대학병원 소아정신과를 안내해주고 있습니다.

'내가 해서 잘할 수 없는 일'을 빠르게 포기하고, '내가 잘할 수 있는 일'에만 집중하는 것도 직관력이 발달한 사람의 특징입니다. 그것을 '실패'라고 생각하지 않는다는 점에서 자존감도 높은 것입니다.

"그냥 해"
실행하는 능력 키우기

자신에게 합리적이고 긍정적인 콘텐츠를 채울 수 있고, 이로 인해 직관이 발달하게 되면 실행력도 높아집니다. 자존감이 높은 사람들은 실행력이 높습니다. 나이키의 광고 전략은 언제나 자기 삶을 주도적으로 사는 이들에 대한 부러움을 자극하는 것입니다. 그런 나이키의 광고 슬로건이 "그냥 해(just do it)"입니다.

　많은 심리서들을 보면 행동력을 강조하는 측면이 약합니다. 실행의 힘이야말로 궁극적으로 자존의 힘입니다. 자존감이 낮은 사람들은 실행의 힘이 약합니다. 실패에 대한 두려움 때문에 실행을 안 하거나 혹은 반드시 실패했을 때의 상황을 미리 가정하려고 합니다. 이는 가짜 자존감을 가진 이들에게서도 많이 나타나는 현상입니다.

낮은 자존감으로 인해 자신을 저평가하는 이들이 '내가 과연 해낼 수 있을까'라는 생각으로 행동을 주저한다면, 성공과 인정을 중요시하는 이들은 '내가 실패했을 때 받게 될 저평가'에 대한 반발로 행동에 반대합니다. 학창 시절에 공부를 잘하고, 자신이 똑똑하다고 믿는 이들 중에 이와 같은 모습을 보이는 사람들이 꽤 있습니다. 자신은 항상 잘하는 사람, 맞는 사람, 옳은 사람으로 인정받아왔는데 그런 인정을 낮추는 일을 할 수 없기 때문입니다. 가짜 자존감을 가진 사람인 것이지요.

두 경우 모두 실수와 실패를 곧 개인의 가치와 동일시하는 사회적 환경이 만들어낸 부작용이라고 생각합니다. 실패를 용납하지 않는 사회는 당연히 바꿔나가야 하겠지만, 그러기 위해서라도 자기 삶에서 실행력을 높여가야 합니다.

실행력이 높아지면 자기 조절력이 커집니다. 잘 못하는 운동도 자꾸 하다 보면 몸이 자연스럽게 균형 잡는 방법을 익히듯이, 실행력이 높아지면 실행을 위해 자신의 에너지를 모으는 법을 자연스럽게 익히게 됩니다. 그 에너지를 모으는 방법이 바로 자기 조절력입니다. 저는 어떤 성격을 가진 사람이라도 높은 실행력을 갖출 수 있다고 생각합니다. 내향적인 사람도 충분히 실행력이 높을 수 있습니다.

자존감이 낮은 사람들이 타인과 환경과 우연에 의해 자신의 팔자가 정해진다고 생각한다면, 자존감이 높은 사람들은 작은 일이라도 자기 자신이 실행할 수 있는 일에 집중합니다. 그것이 자존감을 계속해서 유지하는 일이 됩니다.

어른의 자존감으로

제 영혼은 겁쟁이가 아닙니다.
세상 풍파에 시달린 영역에서 떨고 있는 자가 아닙니다.

_ 에밀리 브론테, 「제 영혼은 겁쟁이가 아닙니다」 중에서

나를 머무르게 하는 두 가지,
과거와 남

우리가 앞에서 살펴본 가짜 자존감과 진짜 자존감의 결정적 차이를 한마디로 이야기하라고 한다면 과거냐 현재냐, 남이냐 자신이냐에 달려 있다고 할 수 있습니다. 진짜 자존감은 현재의 나에 집중하는 능력이라고 했습니다. 현재의 나에게 집중할 줄 아는 사람은 이미 자신의 과거를 처리하는 법과 타인을 대하는 법이 성숙한 사람일 겁니다.

그러나 과거와 남이라는 이 두 가지를 잘 처리하는 게 쉽지는 않습니다. 저는 지금까지 내 삶의 현재 패턴을 들여다보고 그로부터 자신이 겪고 있는 문제를 극복하자는 관점을 강조했습니다. 하지만 많은 사람들이 오늘의 나보다 과거의 나에 관심이 많고,

나의 행동보다 타인의 행동에 관심이 많습니다. 특히 트라우마를 가진 이들은 이런 경향이 더욱 강합니다. 성숙한 자존감을 가지는 건 이 어려운 두 가지 주제, 과거와 남으로부터 자유로워지는 일이라고 생각합니다. 그렇다면 어떻게 해야 이 두 가지로부터 보다 자유로울 수 있을까요. 그 방법에 좀 더 집중해봅시다.

내 역사를 내가 쓸 수 있는가

나이가 들었다는 증거가 "나 때는 말이야"라는 말을 자주 하게
되는 거라는 우스갯소리를 들었습니다. 중학생들은 "나 초딩 때
는 말이야"라고 한다지요. 아무튼 우리가 성장한다는 것은 개인
의 역사가 진행되는 것이라고 할 수 있습니다.

그런데 개인의 역사는 사실의 역사가 아닌 해석의 역사입니다.
타임머신을 타고 그 시대로 가지 않는 이상 내가 기억하고 있는
나의 역사는 나의 해석이 만들어낸 또 다른 세상이라는 것입니
다. 백 퍼센트 순수한 사실은 존재할 수 없다는 것부터 인정해야
합니다. 때문에 자신이 과거에 어떤 일을 겪었느냐보다, 자신의
과거를 어떻게 해석하고 있느냐가 훨씬 더 중요합니다. 과거의

사건은 바꿀 수 없지만 해석은 바꿀 수 있기 때문입니다.

과거에 매이지 않으면서 과거를 정리한다는 건 어떻게 가능할까요. 첫째, 객관화가 필요합니다. 우리 부모는 어떤 사람이었는지, 그게 나에게 미친 영향은 무엇인지를 마치 제3자의 입장에서 바라보는 것입니다. 섣부르게 가치 판단을 넣지 않고 바라보는 것입니다. 예를 들면, 경제적으로 너무 어려운 환경에서 자라서 내 인생의 목표는 돈을 버는 것이 되었다는 식으로 기술하는 것입니다. 그런 목표를 가지게 된 것이 부정적인지 긍정적인지는 일단 판단하지 않습니다.

두 번째는 자신의 과거를 '단편적인 기억'으로 설명하는 게 아니라, 연대기처럼 길게 서술하는 관점을 갖는 것입니다. 나의 과거를 연속적으로 설명하는 것입니다. 지금은 아무도 그렇게 쓰지 않지만, 한때 입사원서 자기소개란에 '화목한 부모 밑에 1남 1녀 중 장남으로 태어나…'라고 쓰지 말라는 이야기가 돌았습니다. 요즘에는 자기를 특징적으로 보여줄 수 있는 내용을 임팩트있게 적습니다. 그렇지만 이런 식의 서술 방식이 도움이 되는 측면도 있습니다. 멀리서 보면 내 인생은 비극도 희극도 아닙니다. 관련이 없어 보이는 일들이 관계를 맺고 있다는 것도 발견하게 됩니다. 이처럼 자신의 과거를 연대기로 서술하면 특정 순간의 기억에 과도하게 얽매이는 것에서 벗어나는 효과가 있습니다. 이렇게 자신을 서술할 수 있는 객관성과 연속성을 갖게 되면 자기의 역사를 자신이 안다는 느낌 때문에 많은 안정감을 느낄 수 있습니다. 앞에서 프로이트의 정신분석이 갖는 효과가 여기에 있다고 했습니다. 사실 이런 개인 역사의 스토리텔링화는 정신분석과는 차원이 다르지만, 실제 상담 과정에서 자신을 객관화하려는 노력은 자존감을 형성하는 데 도움이 됩니다.

자신의 과거를 역사화하려는 목적은 과거의 아픈 기억을 내가 얼마나 '특별하지 않게' 대할 수 있는지를 체크해보기 위함입니다. 그로 인해 내가 과거의 트라우마로부터 벗어났는지 아닌지를 알아볼 수 있습니다. 아직 벗어나지 못한 트라우마는 이렇게 서술하기가 어렵습니다.

극단적인 학대, 전쟁, 천재지변 등과 같은 일로 생긴 극심한 트라우마는 매우 전문적 치료의 영역입니다. 제가 보통 접하는 경우는 이런 일보다는 중간 정도의 트라우마를 남길 여지가 큰 현재진행형입니다. 성추행이나 왕따와 같은 일입니다. 이럴 경우 정당한 법적 처리를 진행하는 것이 분노의 감정을 많이 해소시킵니다. 당시에 느꼈던 무기력감이 해소될 수 있는 현실적인 해결책이기 때문입니다.

이 밖에 과거에 어떤 사건으로 인해 받았던 분노와 무기력감이 해소되지 않은 환자들을 접하게 될 때도 있습니다. 예를 들어 어린 시절 성폭행을 겪은 이들의 경우, 가해자에 대한 분노 외에 당시에 느낀 분노를 제대로 해결하지 못한 문제가 겹쳐 '타인은 못 믿을 사람이며, 세상은 위험한 곳이고, 나는 무능력한 인간이다'라는 생각이 인생 전반에 영향을 미치고 있는 경우가 있습니다. 이런 경우 과거의 가해자를 찾는 게 현실적으로 어렵기도 하고, 성인이 된 후 부모에게 '왜 그때 이런 일을 부정하고 회피했느냐'고 따져도 분노가 쉽게 사라지지 않습니다. 많은 심리서에서 이 문제를 다루는데, 저는 사실 이런 문제는 전문가의 도움이 필요하다고 생각합니다. 잘못 다루면 트라우마를 극복하지 못하고 백 투더 과거로 가서 부정적 감정에 사로잡혀 살 수도 있기 때문입니다.

가벼운 정도의 트라우마라면, 나는 과거의 무기력한 아이에서 현재의 성숙한 어른으로 거듭날 수 있고, 거듭나 있다는 것을 스스로 자각하도록 노력해야 합니다. 앞에서 자기 자신을 긍정적 콘텐츠로 채우는 게 중요하다고 한 것은 이와 관련이 있습니다.

그러기 위해서 과거를 객관화해야 합니다. 과거에 상처를 입은 이들이 개탄하는 부분은 당시에 자신이 제대로 대응하지 못했다는 그 무기력한 사실입니다. 비단 커다란 상처만이 아니라, 일상에서의 가벼운 상처에도 이런 무기력한 순간들을 경험하게 됩니다. 당시에는 아무 말도 못 했는데 나중에 돌이키면 이불킥을 하고 열받게 되는 그런 일들을 겪는 것이지요.

"그럼 과거에 나에게 상처를 준 사람을 찾아가서 따져야만 하는 거 아닌가요?"라고 저에게 질문한 분이 있었습니다. 저는 그 질문 자체가 좋은 신호일 수 있다고 생각합니다. 과거에 아무것도 못 하던 무기력한 자신에게서 어느 정도 벗어나 객관성을 가지고 상황을 볼 수 있는 시각이 생겼기 때문입니다. 굳이 그러겠다면 말리지는 않겠지만, 그보다는 오늘 내가 어떤 사람으로 살고 있느냐가 더 중요합니다.

예를 들어 나를 못살게 굴었던 학교 친구를 15년 만에 찾아가서 따지는 것보다는, 지금 나를 못살게 구는 직장 동료에게 잘 대응하고 있느냐가 더 중요합니다. 만약 지금 내가 나를 괴롭히는 사람들에게 잘 대처하고 있다면, 나중에 그 친구를 우연히 만나게 되더라도 '너 옛날에 진짜 나쁜 놈이었어. 지금은 그렇게 살지 마라'라고 말할 수 있습니다.

이미 나는 과거의 내가 아니기 때문입니다. 또다시 그런 상황이 일어났을 때, 잘 대응할 수 있을지 없을지는 스스로 느낄 수 있습니다. 지금 내가 진정한 어른이라고 느낀다면, 나의 과거를 객관적으로 볼 수 있다는 뜻입니다. 그리하여 내가 잘못한 게 아니라는 점을 제대로 알고 있을 뿐만 아니라, 그 과거를 다시 마주했을 때도 잘 대응할 수 있다는 뜻입니다. 무엇보다 지금 그런 상황을 만들지 않을 수 있는 사람이라고 스스로를 생각하고 있다는 뜻입니다.

나를 체벌하던 학교 선생님, 나를 괴롭히던 선배로부터 상처를 입었다는 사실과 별개로, 현재 나를 그렇게 대하는 '나쁜 놈'을 만들지 않겠다는 목적을 뚜렷이 하는 게 먼저입니다. 그것이 자존감이 높아지는 방향입니다. 저는 과거의 상처를 극복하기 위해서라도 현재의 목적을 가지는 일부터 먼저 해야 한다고 생각합니다.

그 이유는 이런 태도가 오늘 내가 타인과 관계를 맺는 방식에 영향을 미치기 때문입니다. 요즘 많은 심리서들이 나에게 무례하게 구는 사람에게 제대로 화를 내라고 조언합니다. 그것이 자신에게 오롯이 관심을 갖는 일이라고 말합니다. 그러나 관점을 바꾸어 봅시다. 누가 나를 무시하는 것을 재빨리 알아차리고 상황에 맞는 대응을 하라는 건, 도리어 계속해서 타인에게 관심을 두라는 것입니다. 타인에 대한 안테나를 세우고 있으라는 겁니다. 무례한 일을 한 사람은 내가 아니라 상대방입니다. 나와 그 사람을 진정으로 분리하면 '저 사람은 왜 저럴까?'라는 생각이 들지, '저 사람 때문에 내가 무시당했어'라고 생각하지 않을 수 있습니다.

당연히 사람에게 무례하게 구는 행동은 잘못된 것입니다. 그러나 저는 무례한 사람이 있으면 그 곁에 가지 않으면 된다고 생각합니다. 나쁜 사람과의 싸움판을 키우지 말고, 그 싸움판을 내 인생의 콘텐츠에서 아웃시키면 됩니다. 앞에서 말했듯이 나에게 좋지 않은 영향력을 미치는 것들은 일단 작고 작게 만들어야 합니다. 그리고 그냥 버리면 됩니다. 나에게 인간적인 예의를 지키는 사람, 내 삶의 콘텐츠를 풍부하게 해줄 일에 집중하면, 그런 나쁜 사람들이 나에게 미치는 영향력을 덜 느끼게 됩니다. 그들을 나의 과거로 만들고 멀리 떠나보내면 됩니다. 나는 오늘에 집중하는 사람이기 때문입니다.

높은 자존감을 가지면 어떤 일에도 상처받지 않는다고 말할 수 있는 건, 바로 이런 이유 때문입니다. 쉽지 않은 일인 줄 압니다. 그러나 우리가 굳이 자존감이라는 주제에 관심을 갖고 고민을 하는 것은 진짜 치료제를 찾기 위함입니다. 이렇게 과거보다 현재에 집중하는 사람이 되어가면 심지어 적을 내 편으로 돌리는 기적 같은 일이 벌어지기도 합니다. 나의 자존감을 깎아내리던 사람이 어느 날 나를 존중하는 순간을 경험하게 되기도 합니다. 어제의 적이었던 일보다, 오늘의 동지인 점을 더 중요하게 생각하게 될 때 일어나는 기적 같은 일입니다.

사람을 이유 없이
두려워하지 않기

자존감이 낮은 사람들의 특징은 세상에 나쁜 사람들만 존재한다는 믿음을 갖고 있는 것입니다. '나는 못났다' '나는 힘이 없다'라는 자기 개념은 '저 사람은 나를 못나게 본다' '저 사람은 내가 힘이 없다고 본다'라는 생각의 원천이 됩니다. 이런 필터가 장착되면 사심 없는 호의를 가진 사람들의 접근을 차단하게 됩니다. 인간관계 또한 실패와 성공이라는 경험이 모두 필요합니다.

 자존감이 높은 사람과 대화를 해보면 그 사람이 지금 나에게 집중해주고 있다는 것을 느낄 수 있습니다. 나의 자존감도 함께 올라갑니다. 반대로 말하면 자존감이 낮은 사람들은 지금 여기(here & now)에서 다른 사람들(others)과 '오롯하게' 만나는 경험이 없습니다. 그럼 무엇이 있을까요. 그때 저기(there & then)에서 자신(self)과만 만납니다. 누군가와 대화를 할 때 상대방이 아닌 자신에 초점이 맞추어져 있습니다. 나를 이상하게 보지 않을까, 내 말을 어떻게 생각할까, 이러면서 과도하게 상대방의 눈치를 봅니다. 얼핏 봐서는 상대방을 배려하는 것 같은데 그렇지 않습니다. 혹은 상대방에 관심이 없습니다. 혹은 상대에 맞추어 거짓된 나를 꾸며냅니다. 자기에게만 초점을 맞추는 일이 타인의 눈치를 보는 일이 된다는 것이 이해가 되시는지요. 상대방에게 관심이 없으면 대화를 사회적 맥락에서 자연스럽게 끌고 가기 어렵습니다. 그러니 진솔하게 상대방과 친해지지 못합니다.

"이야기를 하다 보면 내가 나에 대한 이야기만 하고 있더라고요. 누군가를 만나 어떤 대화를 해야 대인관계를 잘하는 건지 모르겠어요."

그래도 이처럼 자기가 타인에게 관심을 가질 줄 모른다는 사실을 자각하는 사람은 변화의 여지가 있습니다. 아직 자아가 미성숙한 어린아이들은 모든 것을 '자기 관심사'에 맞춥니다. 청소년 시기에는 점점 더 다른 사람과 공통의 이야기를 나눌 수 있는 능력을 키워야 합니다. 나이가 들어서도 자기 관심사만 떠드는 사람을 아무도 존중해주지 않습니다.

감정적으로는 타인에 대한 공감 능력이 없는 사람입니다. 또한 이성적으로는 사회적 맥락을 읽는 능력이 떨어지는 사람입니다. 모든 관심이 자기만 향해 있는 경우지요. 미성숙한 사람입니다.

의외로 그런 분들이 많습니다. '자기는 타인의 호의 같은 건 필요 없다. 타인에게 관심이 없다'는 분들입니다. 기본 성향이 이기적인 환자들도 있지만 진정한 사심 없는 호의를 받아본 적이 없으니 타인과의 관계는 불편하고 힘든 것이라는 디스토피아적 세계관을 갖고 있는 것입니다. 아픈 과거로부터 오늘의 나를 분리하지 못한 경우 그런 디스토피아적 세계관이 유지되고, 타인을 적대시하는 태도가 장착될 수 있습니다. 사실 타인의 호의 따위는 필요 없다고 말하는 이들 중에는, 오히려 자신의 일상과 감정을 타인과 나누고 싶은 욕망이 높은 사람들이 많습니다.

아들러는 열 명의 사람이 있다면, 두 명은 나에게 호감을 가지고 있으며 일곱은 나에게 관심이 없고, 한 명은 나에게 비호감을 가진다고 말했습니다. 저는 나쁜 사람을 안 만나는 일에 집중하면 좋은 사람도 못 만날 뿐만 아니라, 나 자신이 좋은 사람이 될 수 있는 기회를 없앤다고 말합니다. 사심 없는 존중의 거울을 비추어주는 사람을 일생에서 단 한 명이라도 만나는 것은 인생의 큰 축복입니다. 그러려면 나는 누군가에게 그 한 명이 되어줄 수 있는지도 생각해볼 일입니다. 타인에게 관심을 가지지 않으려고 하는 것은, 그만큼 자신이 타인의 영향력에 휘둘리는 사람이라는 반증입니다.

객관과 존중,
자존감의 두 개 거울

누구나 행복한 삶을 살고 싶어 합니다. 사람이 행복을 추구하는 것은 과한 욕심이 아닙니다. 그 행복이 뭔가 '대단한 성공'이 아니라, 자기 삶을 지속적으로 건강하고 소중하게 꾸려나갈 수 있다는 믿음을 가진다는 점에서 그렇습니다. 오늘 겪고 있는 어려움을 헤쳐 나갈 수 있다는 자기 믿음을 가지는 것도 행복이 무엇인지 아는 이들이 갖고 있는 능력입니다.

우리가 인생에서 가져야 할 '진짜 자존감'이라는 것은 바로 이런 능력을 갖는 일입니다. 그렇다면 자존감을 키운다는 것은 어떤 '좋은 능력'을 내 안에서 키우는 일이지, 나를 괴롭히는 '나쁜 것'에 주목하는 일이 아닙니다.

정의의 여신은 한 손에 저울을 들고 다른 한 손에 칼을 들고 있습니다. 만약 자존감의 여신이 있다면, 두 개의 거울을 들고 있을 거라고 생각합니다. 하나는 나를 비추는 맑고 투명한 객관의 거울입니다. 또 하나는 타인을 비추어 주는 맑고 투명한 존중의 거울입니다.

내가 나에게 비추어야 하는 것은 '객관의 거울'입니다. 왜곡된 필터로 자신을 보지 않으려는 노력이 우리의 삶을 지킵니다. 당연히 타인이 평가하는 눈으로 나를 보지도 말아야겠지만, 나의 부족함, 상처 혹은 장점과 성취를 객관화하여 볼 수 있어야 낮은 자존감에도, 가짜 자존감에도 빠지지 않습니다.

내가 남에게 비추어야 하는 것은 '존중의 거울'입니다. 나를 공격하는 타인도 혹은 나를 칭찬하는 타인도, 그들 안에는 나만큼 복잡한 상처가 있을 수 있습니다. 물론 나는 그 타인을 바꿔줄 수 없습니다. 그들의 변화는 그들의 몫입니다. 다만 내가 해야 할 것은 한 사람의 인간으로서 그들을 존중하는 태도를 가지는 것뿐입니다.

제가 진료실에 앉아서 하는 일은 결국 '커다란 존중의 거울'을 들고 온 힘을 다해 환자에게 비추어주려고 노력하는 것이라고 생각합니다. 그리고 환자인 당신도 '객관의 거울'을 맑고 투명하게 닦아보라고 천천히 격려하는 것입니다.

환자들은 이 존중의 거울을 찾기 위해 저에게 진료비를 지불하고 있다고 생각합니다. 저는 자존감이 낮은 사람들이 정신과의원이나 심리 상담센터를 덜 기웃거리는 사회가 되었으면 좋겠다고 생각합니다. 타인 존중과 공동체 의식이 살아 숨 쉬는 곳이 되어, 너와 내가 더불어 함께 사는 행복을 느낄 수 있기를 꿈꿉니다.

아들러는 "자립이란 자기중심성에서 벗어나는 것"이라고 했습니다. 자존감이 높은 사람들은 의외로 자신의 문제에 많은 고민을 하지 않습니다. 자신의 삶을 주도적으로 살아가는 게 이미 몸에 배어 있기 때문입니다. 자존감이 높은 사람들이 자신이 속한 공동체에 긍정적인 영향을 미치는 것은, 자기 안을 보는 눈만 가지고 있는 게 아니라 타인이 속한 밖을 보는 눈도 이미 가지고 있기 때문입니다. 인간의 눈은 앞을 보게 되어 있습니다. 두려울 때 우리는 눈을 감습니다. 불안과 두려움에서 벗어나 눈을 뜨고, 세상을 긍정도 부정도 아닌 존중의 눈으로 바라볼 수 있기를 바랍니다.

참고문헌

『가짜 자존감 권하는 사회』, 김태형 지음, 갈매나무, 2018.

『기질 및 성격검사 매뉴얼』, 민병배·오현숙·이주영 지음, 마음사랑, 2007.

『마음의 암호에는 단서가 있다』, 모차오 지음, 최인애 옮김, 한빛비즈, 2011.

『마틴 셀리그만의 긍정심리학』, 마틴 셀리그만 지음, 김인자·우문식 옮김, 물
　　푸레, 2014.

『만화로 읽는 아들러 심리학 1, 2, 3』, 이와이 도시노리·호시이 히로후미 글, 후
　　카모리 아키·사노 마리나 그림, 황세정 옮김, 까치, 2015.

『분석심리학』, 이부영 지음, 일조각, 2000.

『성격의 발견』, 제롬 케이건 지음, 김병화 옮김, 시공사, 2011.

『성격의 탄생』, 대니얼 네틀 지음, 김상우 옮김, 와이즈북, 2019.

『아이의 자존감 혁명』, 토머스 W. 펠런 지음, 문세원 옮김, 국민출판사, 2012.

『아들러의 인간이해』, 알프레드 아들러 지음, 홍혜경 옮김, 을유문화사, 2016.

『자존감 수업』, 윤홍균 지음, 심플라이프, 2016.

『자존감의 여섯 기둥』, 너새니얼 브랜든 지음, 김세진 옮김, 교양인, 2015.

『자존감이라는 독』, 류상평 지음, 허유영 옮김, 추수밭, 2016.

『현대 성격심리학』, 권석만 지음, 학지사, 2015.

『회복탄력성』, 김주환 지음, 위즈덤하우스, 2011.

Anthony, E. J. (1987). Risk, vulnerability, and resilience : An overview. In E.Anthony. & B. Cohler (Eds). The invulnerable child (3-48). NewYork: Guilford Press.

Ashby, F. G., Isen, A. M., & Turken, A. U. (1999). A neuro-psychological theory of positive affect and its influence on cognition. Psychological Review, 106, 529-550.

Aspinwall, L.G., & Taylor, S.E. (1997). A stitch in time: Self-regulation and proactive coping. Psychological Bulletin, 121, 417-436.

Bouchard, T., and McGue, M. (1990). Genetic and rearing environmental influences on adult personality: An analysis of adopted twins reared apart Journal of personality, 68, 263-282.

Camevale, P. J., & Isen, A. M. (1986). The influence of positive affect and visual access on the discovery of integrative solutions in bilateral negotiating. Organizational Behavior and Human Decision Processes, 37, 1-13.

Crockett, M. J., Clark, L., Tabibnia, G., Lieberman, M.D.,& Robbins, T.W. (2008). "Serotonin modulates behavioral reactions to unfairness." Science, 320, 1739.

Dyer, J. G., & McGuinness, T. M. (1996) Resilience: Analusis of the concept. Archives of Psychiatric Nursing, 10, 276-282.

Estrada, C., Isen, A. M.., & Young, M. (1994). Positive affect influences creative problem solving and reported source of practice satisfaction in Physicians. Motivation and Emotion, 18, 285-299.

Estrada, C., Isen, A. M.., & Young, M. (1997). Positive affect facilitates integration of information and decreases anchoring in reasoning among physicians. Organizational Behavior and Human Decision Processes, 72, 117-135.

Forehand, R. (1992). Parental divorce and adolescent Maladjustment: Scientific inquiry vs. public information. Behaviour Research and Therapy, 30, 319-328.

Galbraith, R. (1982). Sibling spacing and intellectual development: A closer look at the confluence. models. Developmental Psychology, 18, 151-173.

Garmezy, N. (1996). Reflections and commentary on risk, resilience, and development, In Haggerty, P. J., Lonnie, P. S., Garmezy, N., & Rutter, M. (Eds.), Stress, Risk, and Resilience in Children and Adolesents-Process, Mechanism, Intervention. New York: Cambridge University Press.

George E. Vaillant. Triumphs of Experience: The Men of the Harvard Grant Study. Cambridge, MA: Belknap Press of Harvard University Press, 2012. 457.

Greene, T.R., & Noice, H. (1988). Influence of positive affect upon creative thinking and problem solving in children. Phychological Reporst, 63, 895-898.

Isen, A. M., Daubman, K. A., & Nowicki, G. P. (1987). Positive affect facilitates creative problem solving. Journal of Personality and Social Psychology, 52(6), 1122-1131.

Isen, A. M.., Johnson, M. M., Mertz, E., & Robinson, G. (1985). The influence of positive affect on the unusualness of word associations. Journal of Personality and Social Psychology, 48, 1413-1426.

Isen, A. M., Niedenthal, P., & Cantor, N. (1992). The influence of positive affect on social categorization. Motivation and Emotion, 16(1), 65-78.

Kandel, E. R. (2006). In search of memory: The emergence of new science of mind. New York: Norton.

L. E. Sandelands, J. Brockner, and M. A. Glynn (1988) "If at first you don' t succeed, try again: Effects of Persistence-performance contingencies, ego-involvement, and self-esteem on task-performance." Journal of Applied Psychology, vol. 73, pp. 206-208.

Luther S. S., Cicchetti, D., & Becker, B. (2000). The construct of resilience: A critical evaluation and guidelines for future work. Child Development, 71(3), 543-562.

Lykken, D., & Tellegen, A. (1996). Happiness is a stochastic phenomenon. Psychological Science, 7, 186-189.

McEwen, B. (2000). "Allostasis and allostatic load implications for neuropsychopharmacology." Neuropsychopharmacology, 22, 108-124.

Olsson, C. A., Bond, L., Burns, J. M., Vella-Brodrick, D. A., & Sawyer, Sawyer, S. M. (2003). Adolescent resilience: A conceptual analysis. Journal of Adolescence, 26, 1-11.

Ostir, G., Markides, K., Black, S., and Goodwin, J. (2000). Emotional well-being predicts subsequent functional independence and survival. Journal of the American Geriatrics Society, 48, 43-478

Plomin, R. , and Bergeman, C. (1991). The nature of nurture : Genetic influence on environmental measures Behavioral and Brain Sciences, 14, 373-427.

Polk, :. V. (1997). Toward a middle-range theory of resilience. Advances in Nursing Science, 19, 1-13.

Post, S., & Neimark, J. (2007). Why good things happen to good people : The exciting new research that proves the link between doing good and living a longer, healthier, happier life. New York : Broadway Books.

Poffenberger, A. T. (1930). "The development of men of science." Journal of Social Psychology, 1, 31-47.

Reivich, K., & Shatte, A. (2002). The resilience factor : Seven essential skills for overcoming life's inevitable obstacles. New York : Broadway Books.

Rosch, E. (1975). Cognitive representations of semantic categories. Journal of Experimental Psychology : General. 104, 192-233.

Rutter, M. (1980). The longterm effects of early experience. Developmental Medicine and Child Neurology, 22, 800-815.

Rutter, M. (1985). Resilience in face of adversity : Protective factors and resilience to psychiatric disorder. British Journal of Psychiatry, 147, 598-611.

Seligman, M. E. P. (2002). Authentic happiness : Using the positive psychology to realize your potential for lasting fulfillment. New York : Free Press.

Staw, B. , Sutton, R. , and Felled, L. (1994). Employee positive emotion and favorable outcomes at the workplace. Organization Science, 5, 51-71.

Tellegen,A., Lykken,D. T., Bouchard, T.J., Wilcox, K.J., Segal,N.L., and Rich,S.(1988). Personality similarity in twins reared apart and together. Journal of personality and Social Psychology, 54, 1031-1039.

Van der Kolk, B., Perry, C., and Her-man, J. (1991). Childhood origins of self-destructive behavior. American Journal of Psychiatry, 148, 1665-1671.

Water, E., & Sroufe, L. A. (1983). Social competence as developmental construct. Developmental Review, 3, 79-97.

Waugh, C., & Fredrickson, B. (2006). Nice to know you: Positive emotions, self-other overlap, and complex understanding in the formation of a new relationship. The Journal of Positive Psychology, 1(2), 93-106.

Werner, E. E., & Smith, R. S. (1982). Vulnerable but invincible: A longitudinal study of resilient children and youth. New York: McGraw Hill.

Werner, E. E., & Smith, R. S. (1993). Overcoming the odds: High risk children from birth to adulthood. New York: Cornell University Press.

Witter, R. A., Okun, M. A., Stock, W A., and Haring, M. J. (1984). Education and subjective well-being: A meta-analysis. Education Evaluation and Policy Analysis, 6, 165-173.

Wrzesniewski, A., McCauley, C. R. , Rozin, P. , and Schwartz, B. (1997). Jobs, careers, and callings: People's relations to their work. Journal of Research in Personality, 31, 21-33.

사랑하는 가족에게 감사의 마음을 전합니다.

나를 아프게 하지 않는다

초판 1쇄 발행 2019년 12월 5일
초판 11쇄 발행 2023년 12월 1일

지은이 | 전미경
펴낸이 | 김보경
디자인 | 이석운
그림 | Jim Holland
마케팅 | 권순민

펴낸곳 | 지와인
출판신고 | 2018년 10월 11일 제2018-000280호
주소 | (04015) 서울특별시 마포구 포은로 81-1, 에스빌딩 201호
전화 | 02)6408-9989 팩스 | 02)6488-9992 이메일 | books@jiwain.co.kr

ⓒ 전미경, 2019

ISBN 979-11-965334-7-2

"이제 아름다움을 살펴보는 눈을 키운다"

김정운(문화심리학자), 유현준(건축가)이 추천하는
내 삶에 미적 감각을 더하는 새로운 교양 수업

심미안 수업
어떻게 가치 있는 것을 알아보는가

친절한 아트 워커 윤광준과 함께
예술을 통해 나를 긍정하는 경험